Wolfgang Klug

Erfolgreiches Kita-Management

Unternehmens-Handbuch
für LeiterInnen und Träger von Kindertagesstätten

Mit 34 Abbildungen und 9 Tabellen

Ernst Reinhardt Verlag München Basel

Prof. Dr. *Wolfgang Klug*, Fakultät Sozialwesen der katholischen Universität Eichstätt-Ingolstadt; Arbeitsschwerpunkt: Konzeptentwicklung Sozialer Arbeit, Management in Wohlfahrtsverbänden, Qualitätsmanagement in Kindertagesstätten, Soziale Sicherungssysteme im europäischen Vergleich

Bei allen Berufsbezeichnungen wird die weibliche Form benutzt, da Frauen überdurchschnittlich häufig in Kindertagesstätten tätig sind. Aus Gründen der Lesbarkeit wurde darauf verzichtet, jeweils die männliche Form hinzu zu fügen. Selbstverständlich sind aber jeweils beide Geschlechter angesprochen.

Die Deutsche Bibliothek – CIP-Einheitsaufnahme

Klug, Wolfgang:
Erfolgreiches Kita-Management : Unternehmens-Handbuch für
LeiterInnen und Träger von Kindertagesstätten / Wolfgang Klug. –
München : Reinhardt, 2001
   ISBN 3-497-01583-0

Ernst Reinhardt Verlag, Postfach 38 02 80, D-80615 München
Net: www.reinhardt-verlag.de Mail: info@reinhardt-verlag.de

Inhalt

Vorwort

Während die einen sich noch fragen, ob man nun „Kunde" zu den Nutzern seiner Leistung sagen darf, hat die Entwicklung im Bereich der Kinderbetreuung längst ihre eigene Antwort gefunden. Eltern können wählen, in welche Kindertagesstätte (künftig abgekürzt mit „Kita") sie ihr Kind bringen: in den kirchlichen, den städtischen oder doch lieber in den Waldorf- oder Montessori-Kindergarten. Faktum ist: Mit den in Zukunft sinkenden Kinderzahlen (bis zum Jahr 2010 um 30 %) wird es beispielsweise in Bayern einen Überhang an Kindergartenplätzen um ein Drittel im Vergleich zum heutigen Stand geben. Gleichzeitig kann das Auftreten weiterer privater Anbieter (Franken 1999, 27) zu verstärktem Wettbewerb um jedes Kind führen. Wenn der Gesetzgeber künftig, wie etwa in Bayern geplant, seine Finanzierung „outputorientiert" gestaltet oder gar die „Chip-Card" für Kindergartenstunden einführt, wird die Zukunft der Kindertagesstätten eine unternehmerische sein müssen. In jüngster Vergangenheit wurden eine Reihe von durchaus sinnvollen Qualitätsmanagement-Systemen eingeführt und jede Menge von Managementbüchern geschrieben, jedoch hat sich offenbar wenig an der defensiven „Politik" der Träger geändert, wie eine Pressemitteilung der Caritas zeigt: „Das bayerische Sozialministerium legte einen Plan vor, wonach sie [sic] die einzelnen Einrichtungen nur noch nach der Zahl der Kinder finanziert und sich nicht mehr pauschal an den Personalkosten beteiligt. Wenn also ein Kindergarten in einem Jahr zufällig weniger Kinder aufnehme, bekomme er weniger Geld, fürchtet die Caritas. Aber das Personal könne deswegen noch lange nicht entlassen werden." (Süddeutsche Zeitung, 2.8.2000, S. 51). Hinter dieser Befürchtung steckt kein unternehmerisches Denken, sondern eine nach wie vor traditionell orientierte Verbandsphilosophie: Der Staat hat für uns zu sorgen. Dass diese Strategie nicht mehr verfängt, ist längst belegt (Manderscheid 1998), es zeigt sich jedoch, wie wenig die eigenen Verbandsvertreter den gerade erst eingeführten Qualitätskonzepten zutrauen.

Was würde man einem Bäcker raten, der sich beim Staat beschwert, dass er zu wenig Semmeln verkauft? Wenn man es gut mit ihm meint, wird man ihm raten, er solle sich anstrengen, seine Produkte zu verbessern und seine Produktionsbedingungen anzupassen. Das sollte auch für den Kita-Bereich gelten. Die traditionelle Denkweise „Der Staat soll's richten", wie sie Wohlfahrtsverbände immer noch an den Tag legen, kann die Zukunft der Kitas nicht sichern. Für den Wohlfahrtsverband der Zukunft darf es einen „zufälligen" Kinderschwund nicht geben, denn seine Einrichtungen leben von Kunden und nicht von Ministerien.

Der „Umbau des Sozialstaates" (Stichwort: Deregulierung, Liberalisierung) zielt auf unternehmerisches Denken bei den sozialen Diensten (Badelt 1993). Wer unter diesen neuen Prämissen überleben will, muss seine Anstrengungen darauf richten, Eltern von der zentralen Botschaft zu überzeugen: „Wir sind die beste Kita für Ihr Kind". Wenn dies gelingt, ist die Existenz gesichert. Wenn nicht, hilft kein Klagen an das Sozialministerium. Die Nutzer haben ihr Urteil gesprochen, kein Ministerium wird dem widersprechen, und die Einrichtung wird schließen müssen.

Natürlich stellen sich unterschiedliche Fragen: Wie werden wir die Besten? Wie können wir die Qualität unserer Einrichtung nach draußen „transportieren"? Wie kann die Kita angesichts eines härter werdenden Wettbewerbs gedeihen? Die Einrichtung muss von einem mehr oder weniger überlegt gestalteten zum „lernenden Kita-Unternehmen" werden. Und dieser Umgestaltungsprozess beginnt im Kopf! Die Beteiligten müssen verstehen, warum sie etwas und was sie verändern sollen, und auch wie sie es verändern können. Bei diesem Prozess will das Folgende eine Hilfe sein.

Es herrscht wahrlich kein Mangel an mehr oder weniger gelungenen Managementbüchern für Kitas. Oft sind darin sehr komplexe Themen in kleine „Häppchen" zergliedert, und von der Leserin wird erwartet, dass sie weiß, warum beispielsweise Konzeptentwicklung notwendig ist, es wird vorausgesetzt, dass sie betriebswirtschaftliche Konzepte der Budgetierung übernimmt, ihr wird bisweilen zugemutet, Führungskonzepten im Stil von Elternratgebern („Die 10 Gebote der Mitarbeiterführung") einfach zu glauben. Das alles ist bestenfalls gut gemeint, verfehlt aber den eigentlichen Prozess der Emanzipation der Leiterinnen von Kindertagesstätten, ohne die eine marktwirtschaftliche Umorientierung völlig unmöglich ist. Die Leiterinnen haben, genauso wie alle anderen spezialisierten Fachkräfte, Anspruch darauf, dass die vorgeschlagenen Methoden wissenschaftlich begründet werden und nicht zum

Glaubensbekenntnis oder zum Rezeptbuch verkümmern. Hier liegt der Bedarf für ein Grundlagenwerk für „Unternehmensführung" im Bereich der Kindertagesstätten. Das vorliegende Handbuch gibt in kurzen Zusammenfassungen den wissenschaftlich aktuellen Erkenntnisstand wieder, gibt des Weiteren Auskunft darüber, welche Zielgrößen notwendig sind und beschreibt praxisnah, welche konkreten Schritte daraus folgen können. Die praktischen Vorschläge wurden auf Fortbildungen von Leiterinnen oder Trägerberatungen entwickelt und haben insofern ihren „Praxistest" schon bestanden. Die Theoriekonzepte werden in der Absicht referiert, Leserinnen Einblicke in die Begründungszusammenhänge zu vermitteln. Nur wenn Leiterinnen und Träger auch die Zusammenhänge einsehen, kann das Gesamtprojekt „Unternehmen Kindertagesstätte" erfolgreich sein. Dieses Buch ist also im engeren Sinne kein „Ratgeber", es geht den anspruchsvolleren Weg des Wissenstransfers, es will diese Überzeugungsarbeit mit der Emanzipation der an Kindertagesstätten beteiligten Fachkräfte verbinden. Am Ende ist – so bleibt jedenfalls zu hoffen – der besser Informierte auch der Erfolgreichere.

1 Einführung in das theoretische Konzept

1.1 Warum wir mehr als ein Qualitätsmodell brauchen

Qualitätsmanagementmodelle (QM) haben Konjunktur. ISO 9000ff, TQM, EFQM, um nur die gängigsten zu nennen. Ihr Wert ist unbestritten, und nur mit etablierten Qualitätsstandards können sich Kitas in Zukunft behaupten. Aber, und hier zeigen die meisten Modelle Defizite, sie entwickeln kein übergreifendes Strukturmodell, in dem Qualität langfristig und auf allen Ebenen abgesichert werden kann. Es werden Forderungen erhoben, wie eine Kita organisiert werden soll. Die meisten Modelle setzen jedoch voraus, dass Qualität in den bestehenden Strukturen mit kleinen Änderungen gewährleistet werden kann. Die Trägeraufgabe und Trägerverantwortung wird selten thematisiert, als sei vorauszusetzen, dass der Träger die Vorschläge seiner Mitarbeiterinnen, die QM-Workshops besucht haben, akzeptiert (Klug 2000b). Zur langfristigen Existenzsicherung aber gehört nicht nur die pädagogische Qualität, nicht nur ein Qualitätssicherungshandbuch, nicht nur eine externe Supervision, so unverzichtbar all diese Elemente sein mögen. Was notwendig ist und was bislang kaum entwickelt wurde, ist ein unternehmerisches Gesamtmodell, das die Qualitätsverbesserungen langfristig absichert. Denn die Organisation muss auch dann Qualität sichern, wenn z. B. die Berater längst die Einrichtung gewechselt haben. Dies ist nur möglich, wenn die Kita im umfassenden Sinn zu einem „lernenden Unternehmen" wird, das sich ständig weiterentwickelt. So mag es zwar wichtig sein, dass beim Leitbildprozess die „oberste Ebene, ebenso Personen mit wichtigen Funktionen aus der zweiten Ebene und die grauen Eminenzen (…) teilnehmen" (Bostelmann, Metze 2000, 31), jedoch ist damit noch nichts über ihre Verantwortung ausgesagt. In einem Unternehmensmodell muss die Frage der Verantwortlichkeiten genauso geklärt werden wie die der Kompetenzverteilung. Es steht sonst zu befürchten, dass die Probleme dann auftauchen, wenn die erste Euphorie verflogen ist. Funktionale organisatorische Strukturen sind nicht alles, aber ohne ihre stützende Wirkung ist Qualität auf Dauer nicht möglich – besonders in Berufen mit hoher Fluktuation.

Langfristig ist mit pädagogischen Qualitätsmodellen allein der Konkurrenzkampf nicht zu gewinnen. Nur wenn in der gesamten Kita, von den Dachverbänden angefangen über die Fachberatung, den Träger, die Leiterinnen, bis hin zu den Erzieherinnen marktwirtschaftliche Strategien Einzug halten, wird sich eine Einrichtung am Markt behaupten können.

Ein umfassendes Unternehmensmodell für eine Kita oder auch für andere soziale Einrichtungen, wie es im Folgenden vorgelegt wird, hat vier Ziele:

- die Kita als leistungsfähiges Unternehmen auf dem Markt zu etablieren
- eine Qualitätsstrategie zu entwickeln, die der Kita angemessen und in den Unternehmensstrukturen verankert ist
- einen werteorientierten Träger als Unternehmer in Konkurrenz zu anderen Unternehmern zu konstituieren und
- die Leiterin der Kita als Geschäftsführerin des Unternehmens einzusetzen.

Wenn dabei viel von „unternehmerischem Denken" die Rede ist, darf bei allen Überlegungen nicht vergessen werden, dass es sich um soziale Einrichtungen handelt, die nicht im Geist des „Shareholder"-Ansatzes (also der Gewinnmaximierung) geführt werden können (Klug 2000c). Dieser Problemstellung widmet sich das nächste Kapitel.

1.2 Prämissen des Kita-Unternehmens: Ökonomie und Soziale Arbeit

Die dem Kita-Unternehmensmodell zugrunde liegende Prämisse, man könne eine Kita wie ein „Unternehmen" organisieren, ist nicht unumstritten. Kritiker der „Ökonomisierung" Sozialer Arbeit beurteilen die „BWLisierung" der Sozialen Arbeit als „unangemessene und unrealistische Einschätzung des ‚gesellschaftlichen Ansehens' der Sozialen Arbeit" (Schmidt-Grunert 1996, 30). Grams fürchtet gar, „das Soziale" würde seine Ethik zu Grabe tragen, wenn man es vermarkte: „Die ‚Vermarktung des Sozialen' trägt maßgeblich dazu bei, den Strukturwandel von Sozialarbeit, Pädagogik und vergleichbaren Professionen zu Dienstleistungen zu vollziehen, die nicht mehr an den Menschen orientiert sind, mit denen gearbeitet wird, sondern an den Einsparungen, die an der Arbeit mit diesen Menschen vorgenommen werden können." (Grams 2000, 92). Speck hält den Markt „ganz und gar nicht als tatsächlich hilfreich für die Lösung der sozialen Probleme" (1999, 22). Diese gewichtigen Einwände verdienen eine Antwort, beruht doch das folgende Konzept auf der Prämisse, dass eine sinnvolle, differenzierte Nutzung betriebswirtschaftlicher Instrumente existenziell notwendig für das Überleben „des Sozialen" in einer sozialen Marktwirtschaft ist.

Die zu beantwortende Frage nach dem Verhältnis zwischen Sozialer Arbeit und Ökonomie stellt sich auf der volkswirtschaftlichen (Verhältnis Markt-Soziale Arbeit) und auf der betriebswirtschaftlichen (Angemessenheit der betriebswirtschaftlichen Mittel in der Sozialen Arbeit) Ebene.

Die Kritiker der Marktorientierung Sozialer Arbeit beanstandeten vor allem die Veränderungen der Finanzierungsgrundlagen in den 90er Jahren, durch die Soziale Arbeit mit marktwirtschaftlichen Instrumenten (Konkurrenz, Outputorientierung) in ein ihr wesensfremdes System eingegliedert würde. Sie würde jetzt zur „Ware", zur marktgängigen Dienstleistung. Grams bringt diese Argumentation auf den Punkt: „Eine Sozialarbeit, die dem Markt unterliegt, in der sich pädagogische und sozialarbeiterische Praxis rechnen muss, hat keinen Raum und keine Muße, um Prozesse zu ermöglichen (…) Sie muss Leistungen just in time erbringen und komplexe Inhaltlichkeit auf kurzfristige Effizienz reduzieren" (2000, 91). Diese Argumentation setzt voraus, dass „prozessuale" Soziale Arbeit eine Leistung eigener Art ist, die völlig anders zu erstellen und zu bewerten ist als eine Leistung auf dem freien Markt. In der Tat hatte die Soziale Arbeit bis weit in die 90er Jahre eine Sonderstellung in der bundesrepublikanischen Gesellschaft: Sie wurde monopolartig unter dem Dach von sechs großen Wohlfahrtsverbänden organisiert, die sich in der Gestaltung der Dienste und in der Preisgestaltung untereinander und mit den staatlichen Stellen absprachen (Backhaus-Maul 2000). Dadurch wurde jede Konkurrenz vermieden, die Organisationen der Wohlfahrtsverbände wuchsen in ihrer Bedeutung mit dem Maß ihrer Unentbehrlichkeit. Finanzielle Probleme gab es tatsächlich kaum, denn die Einrichtungen wurden weitgehend nach dem „Selbstkostendeckungsprinzip" finanziert: Wenn Defizite entstanden, wurden diese vom Kostenträger, und das heißt von öffentlichen Kassen, übernommen. Nach Meinung der Kritiker der Marktorientierung hätte diese Form der Gestaltung Sozialer Arbeit zu beruflicher Effizienz und

Effektivität führen müssen, mehr als es unter den gegenwärtigen Marktbedingungen möglich ist. Das ist nach allen empirischen Erkenntnissen
keineswegs der Fall (Oppl 1991). Wäre die Qualität beispielsweise in Kitas unter dem Schutz der Verbände qualitativ stetig gewachsen, wären
die gegenwärtigen, massiven Anstrengungen zur Qualitätsverbesserung
nicht nötig. Eine deutliche Sprache sprechen auch die Betroffenen: Ihre
Kritik, z. B. innerhalb der Selbsthilfebewegung (Trojan 1986) der 80er
und 90er Jahre, hat sehr dazu beigetragen, die Monopole der großen
Verbände aufzubrechen. Hätten die großen Verbände zu den Zeiten, als
sie noch nicht unter dem Diktat des Marktes standen, das soziale Feld
flächendeckend optimal abgedeckt, wären hunderte von Initiativkindergärten aller Schattierungen nicht entstanden. Initiativkindergärten sind
zu Recht entstanden, weil die Eltern der Ansicht waren, dass die herkömmlichen Einrichtungen keine adäquaten Leistungen erbringen. Anstelle von Änderungen und Anpassungsprozessen ist bei den Verbänden
das geschehen, was unter Monopolbedingungen immer passiert: Die
Verbände orientierten sich weniger an den vielfältigen Bedürfnissen ihrer Klientel als vielmehr an ihrer eigenen Logik. Gewachsen ist unter
den wirtschaftlichen Schutzbedingungen nicht die Zuschreibung fachlicher Kompetenz durch die Betroffenen, sondern die Nähe der Verbände zur staatlichen Verwaltung und die Abhängigkeit der Verbände von
öffentlichen Geldern. Dies war weder unter fachlichen Gesichtspunkten
sinnvoll, noch auf lange Sicht volkswirtschaftlich vertretbar.

Aus diesen nachvollziehbaren Gründen ist es durchaus rational, die
Sonderbedingungen für den Bereich Sozialer Leistungen nicht länger zu
gewährleisten. Wettbewerb und ökonomisches Denken mussten Eingang finden in den sozialen Sektor, wollte man nicht unendliche Kosten-
steigerungen bei gleichzeitig suboptimaler Qualität akzeptieren. Insofern müssen sich alle Marktkritiker fragen lassen, ob das traditionelle
Modell der ersten 40 Jahre der Bundesrepublik wirklich eine Alternative
zum Marktmodell darstellen kann (Klug 1995). Ein empirischer Nach-
weis, dass Soziale Arbeit – sofern sie „neben" der Marktwirtschaft organisiert wird – effizientere und effektivere Leistungen erbringen würde,
ist bislang nicht erbracht. Das Gegenteil ist weitaus besser belegt.
Thamm (1996) zeigt, dass Einrichtungen z. T. über ein mangelhaftes
Rechnungswesen verfügen, Finanzcontrolling häufig fehlt, die Organisationsstrukturen undurchschaubar sind und eine strategische Planung
nicht existiert.

Die monopolistischen Schutzbestimmungen für die großen Verbände
sind bekanntermaßen aufgehoben, ohne dass das soziale System zusam-

mengebrochen ist. Wettbewerb unter den Trägern, Kostenkalkulation und betriebswirtschaftliche Effizienz, vom Gesetzgeber und den Kostenträger als eine Rettungsstrategie für den Sozialstaat erkoren, haben Eingang in das Denken sozialer Einrichtungen gefunden (Klug 2000a). Die Jahrzehnte, in denen die Träger Sozialer Arbeit auf betriebswirtschaftliche Zusammenhänge keine Rücksicht nehmen mussten, haben zu verheerenden Ergebnissen geführt. Anfang der 90er Jahre attestierte die Prognos AG den Trägern Sozialer Arbeit völlig unzureichende Arbeitsbedingungen. Sie fasste ihre Kritik unter drei Themenkomplexen zusammen:

- Weder Organisation noch Management haben in professioneller Hinsicht mit dem Größenwachstum Schritt halten können.
- Die Verbände finden keine Strategie gegen sinkende Akzeptanz und schlechtes Image im Zeichen zunehmender Säkularisierung und steigender Skepsis gegen Großorganisationen. Dies betrifft auch sinkende Akzeptanz bei der eigenen Mitarbeiterschaft.
- Geringe Eigenmittel und Rücklagen verursachen mangelhafte Investitionskraft. Dadurch aber fehlt die nötige Flexibilität, die benötigt würde, um neuen Bedarfslagen gegenüberzutreten. (Prognos 1991, 15ff).

Insofern ist der Vorwurf, die Ökonomisierung treibe die Soziale Arbeit in den Ruin, rational nicht nachvollziehbar, denn nur eine stärkere Orientierung an betriebswirtschaftlichen Gesetzmäßigkeiten kann die Soziale Arbeit retten. Dass diese Gesetzmäßigkeiten nicht ignoriert werden können, liegt in der Art der Leistung der Sozialen Arbeit selber. Sie ist in formaler Weise nicht zu unterscheiden von einer Wirtschaftsleistung. In ihrer Entstehungsstruktur entspricht die Soziale Arbeit der Entstehung jeder anderen Dienstleistung (Badelt 1993, 143): Kapital, Arbeitskraft, Know-how fließen in das Unternehmen (Input) ein, werden im Unternehmen durch Kombination der Produktionsfaktoren umgestaltet (Transformation) und führen zu einer Dienstleistung (Output). Für diesen Prozess gilt das „Ökonomische Prinzip", mit minimalem Aufwand das optimale Ergebnis zu erreichen. Auch für den Sektor der Sozialen Arbeit gelten die Gesetze des Arbeitsmarktes, der Notwendigkeit der Kostenkontrolle. Auch die Leistungen der Wohlfahrtsverbände müssen „an den Mann" gebracht werden und bedürfen daher einer Marketingstrategie. Wer also die Übertragung des wirtschaftlichen Effizienzbegriffes auf Soziale Arbeit, wie etwa Schmidt-Grunert (1996, 39), kritisiert, muss sich der Kritik von Badelt stellen, der schreibt: „Auch soziale Organisationen müssen deshalb Mittel und Wege finden, knappe Produktionsfaktoren auf alternative Verwendungszwecke bestmöglich aufzuteilen. Die Erarbeitung solcher Lösungsmöglichkeiten wird als der Inbegriff des Wirtschaftens verstanden." (Badelt 1993, 142)

Nur wer unter ökonomischem Verhalten Gewinnerzielung, Ausbeutung und Benachteiligung unterprivilegierten Schichten versteht, kann ein so verstandenes ökonomisches Prinzip im Sozialbereich ablehnen.

Soziale Arbeit muss mit knappen Ressourcen haushalten (Oppl 1991, 138), sie muss sich selber unter den Zwang stellen, mit begrenzten Mitteln möglichst viel zu erreichen – dies gebietet auch das ökologische Prinzip, Ressourcen nicht zu verschwenden. Ob am Ende der Weg zu dem von den Marktkritiker befürchteten Personalabbau führt, liegt wohl zu einem Gutteil an den Organisationen der Sozialen Arbeit selbst. Aus der bisherigen Erfahrung jedenfalls lässt sich konstatieren: Wenn sie die Herausforderungen des Marktes nicht aktiv annehmen, werden nicht die Rationalisierungsmaßnahmen die Arbeitsplätze vernichten, dies wird vielmehr durch den Verlust der Existenz mancher Einrichtung geschehen. Wenn dann noch, wie im Krankenhausbereich zu beobachten, kommerzielle und sachfremde Träger sich aufmachen, die bankrotten Verbandseinrichtungen zu übernehmen, wird das Diskutieren um die „Angemessenheit" der Mittel von selbst aufhören. Wenn es so weit nicht kommen soll, bedarf es einer eigenständigen Strategie der sozialen Organisationen, die nicht grundsätzlich marktfeindlich sein kann.

In einem allerdings unterscheiden sich die Organisationen der Sozialen Arbeit von kommerziellen Unternehmen: in ihrem Unternehmenszweck. Ihr oberstes Ziel ist nicht die Entnahme maximalen Gewinns, sondern die Erfüllung ihrer sozialen Aufgaben. Kommerzielle Unternehmen lassen sich durch eine „Formalziel-Dominanz" charakterisieren: Ihnen geht es um den Ertrag aus dem von ihnen investierten Kapital (Schwarz 1992, 28f), gleichgültig, mit welchem Produkt sie dies erreichen. Unternehmen der Sozialen Arbeit dagegen zeichnen sich durch eine „Sachziel-Dominanz" aus, die im Erreichen ihrer sich selbst gesteckten Werte besteht, z. B. der Versorgung mit Dienstleistungen im Sozial- und Gesundheitsbereich. Das schließt weder rechtlich noch ethisch aus, in Teilbereichen gewinnorientiert zu arbeiten (Bank für Sozialwirtschaft 1993, 56). Den Unterschied zwischen kommerziellen und Nonprofit-Unternehmen gilt es sicherlich in der Unternehmensphilosophie und den Arbeitsstrukturen der Kita-Unternehmen zu berücksichtigen, er ändert aber nichts an dem Gesagten. Zusammenfassend lässt sich Folgendes konstatieren:

- Der Weg des Gesetzgebers, soziale Leistungen unter Marktbedingungen zu stellen, widerspricht nicht dem „Wesen" der Sozialen Arbeit. Er fordert vielmehr etwas, was in einer sozialen Marktwirtschaft „Normalität" sein sollte, weil es zum ökologischen Prinzip gehört: effizient mit den Mitteln umzugehen und die betriebswirtschaftlichen Instrumentarien hierfür zu nutzen.
- In immer mehr Bereiche Sozialer Arbeit wird der Kostenträger Wettbewerbsstrategien einführen, und es ist kein Grund erkennbar, der uns veranlasst zu glauben, dies würde den Bereich der Kitas nicht betreffen.
- Wer sich gegen die „Ökonomisierung" der Sozialen Arbeit wehrt, muss damit rechnen, die Sicherheit von Arbeitsplätzen aufs Spiel zu setzen. Sichere Arbeitsplätze können nur dann gewährleistet werden, wenn Soziale Einrichtungen betriebswirtschaftliche Strategien einbeziehen.
- Um die Klientinnen nicht dem „wirtschaftlichen Kalkül" (Speck 1999, 29) auszuliefern gilt es, Methoden und Konzepte der Betriebswirtschaft zu finden, die für eine Überlebensstrategie der Sozialen Arbeit hilfreich sein können. Weder darf die Soziale Arbeit der Betriebswirtschaft geopfert werden, noch sollte man in falschem Hochmut meinen, man finde ohne deren Sachverstand effiziente und finanzierbare Organisationsformen. Insgesamt erscheint die Angst, man opfere mit betriebswirtschaftlichen Modellen die Soziale Arbeit, nur dann berechtigt, wenn man es den Vertretern der Sozialen Arbeit nicht zutraut, die passende Antwort auf die Anforderungen des Marktes zu finden.

1.3   Organisationswissenschaftliche Grundlagen

Häufig leiden Fachkräfte weniger an der Arbeit mit ihren Klienten, als unter mangelnden Organisationsbedingungen. Aus diesem Grund sind organisationale Fragestellungen für Mitarbeiterinnen der Kitas von großer Wichtigkeit. Ein Zitat aus der ersten Bestandsaufnahme eines Kita-Projektes mag dies belegen:

„Die Hauptkritikpunkte an der Trägerschaft beziehen sich vor allem auf strukturelle Aspekte. Problemschwerpunkte sind: fehlender, unzuverlässiger oder zeitaufwendiger Informationsfluss, fehlende Kommunikation zwischen Träger und einzelnen Kindergärten, (…) unklare Entscheidungskompetenz der Leiterinnen: Hier wird nicht nur mehr Klarheit gewünscht, sondern auch größerer Einfluss der Leiterin bei Einstellungen von neuen Team-Mitgliedern" (Klug 2000b, 34).

Die Mitarbeiterinnen fühlen sich also vom Träger z. T. behindert, sie wollen mehr Verantwortung übernehmen. Statt zu klagen oder organisatorische Bedingungen einfach als gegeben vorauszusetzen, gilt es, positive Veränderungsstrategien zu entwickeln. Dazu ist es nötig, sich mit organisatorischen Fragestellungen auseinander zu setzen und zu bestimmen, welcher strukturelle Veränderungsbedarf in einer Kita besteht. Allerdings wird man Qualität dann nicht mehr nur auf pädagogische Qualität oder „pädagogische Strukturqualität" (Tietze et al. 1998, 172) (Personalschlüssel, Gruppenzusammensetzung etc.) verengen dürfen. Schon der in personenbezogenen Dienstleistungen äußerst einflussreiche Faktor der Mitarbeiterzufriedenheit ist in hohem Maße davon abhängig, welche Rahmenbedingungen der Träger zur Verfügung stellt. Es ist eben für das Betriebsklima nicht unerheblich, ob die Organisation hohe Autonomie der Entscheidung zulässt oder den Entscheidungsrahmen sehr eng absteckt. Besonders deutlich wird die Bedeutung organisatorischer Entscheidungen, wenn man die Stellung der Leiterin einer Kindertagesstätte betrachtet: Spielt bei der Übernahme von Leitungsverantwortung das Motiv „Beruflicher Aufstieg" nur eine untergeordnete Rolle (Sturzbecher 1998, 112), spricht das nicht unbedingt für die hohe Attraktivität einer solchen Leitungsstelle. Eine unattraktive Leitungsstelle aber zieht häufigen Personalwechsel nach sich und beantwortet die Frage, warum es den Trägern bislang nicht gelingt, eigenen Führungsnachwuchs heranzubilden (Sturzbecher 1998, 116). Auf die Kosten, die mit einer solchen Praxis verbunden sind, muss deutlich hingewiesen werden, da häufig der Eindruck erweckt wird, nur zusätzliche Mittel könnten Qualität sichern. Besonders in Organisationen, die sich nie die Effizienz-Frage gestellt haben, wird das „Mehr" an Personal, Geld und Zeit als einzige Lösung vertreten (Manderscheid 1998).

Mit dem Kita-Unternehmensmodell soll keineswegs die Bedeutung pädagogischer Prozesse für die Zufriedenheit der Eltern und Kinder herabgewürdigt werden, im Gegenteil: Indem die normativen und strategischen Bedingungen für pädagogische Qualität klarer definiert werden, wird deren tatsächliche Erbringung wahrscheinlicher. Funktionale Organisationsbedingungen sind dabei selbstverständlich allenfalls notwendige, keinesfalls hinreichende Bedingungen für das, was an pädagogischer Arbeit am Kind geschieht. Aber genauso gilt: Pädagogische Qualität lässt sich nicht ohne die strukturellen und insbesondere die organisatorischen Rahmenbedingungen definieren oder sichern. Deshalb sollen an dieser Stelle zunächst die grundsätzlichen Fragen nach Organisation und Organisationstheorie aufgegriffen werden.

Traditionell wird „Organisation" mit „Bürokratie" gleichgesetzt – ein Grund vielleicht, weshalb sich Mitarbeiterinnen in sozialen Organisationen so ungern damit auseinander setzen. Der Bürokratieansatz nach Max Weber geht von der Idee aus, die Steuerung organisatorischer Prozesse sei als technische Aufgabe zu gewährleisten, sie sei also nach Grundsätzen zu planen, zu beherrschen und zu kontrollieren, die sich im technischen Feld als erfolgreich erwiesen haben. Max Weber stellt sich eine Organisation im Idealfall wie eine „lebende Maschine" vor, die von höchster Zweckrationalität geprägt ist. Ihre Prinzipien Legalität (Ausstattung einer Position durch Amtsautorität) und Unpersönlichkeit (Willkürfreiheit, Regelgebundenheit) sollen Entscheidungen nach rein „sachlichen" Kriterien, ohne jeden Einfluss persönlicher Motive, Interessen und Emotionen der Mitarbeiter, im besonderen „ohne Ansehen der Person" ermöglichen (Weber 1973). Ulrich beschreibt die Folgen des bürokratischen Organisationsverständnisses so: „Die Bürokratie ist daher ihrem Wesen nach stets zentralistisch: allein im Zentrum bzw. an der Spitze wird über Zwecke und die Art ihrer Durchführung entschieden, indem eine formale Organisation festgelegt wird. Diese definiert im Prinzip unabhängig von bestimmten Personen (…) ein hierarchisches System von Stellen, ihren Aufgaben, Kompetenzen und Verantwortlichkeiten" (Ulrich 1986, 138f).

Auch wenn, wie wir noch zeigen werden, dieses Modell in der modernen Organisationstheorie längst überholt ist, muss es an dieser Stelle zitiert werden, denn es genießt in vielen kommunalen Verwaltungen und mehr noch in den Einstellungen vieler „Hierarchen" hohe Popularität. Dies zeigt sich an Diskussionen über „Zuständigkeit", „Arbeitsteilung" und aktenmäßige „Vorgänge" immer wieder.

Die Unzulänglichkeit des bürokratischen Modells zeigt sich mindestens so sehr in der Praxis wie in der Theorie. Auf einen einfachen Nenner gebracht, sind es drei Gründe, die uns zu einer gründlichen Revision des bürokratischen Modells nötigen:

■ Das Bürokratiemodell scheitert an der Komplexität der Organisation selbst und an der der Umwelt. In stark hierarchischen Organisationen können die Organisationsspitzen angesichts der Informationsflut und der zu bewältigenden Kommunikationsmenge weder alle nötigen Informationen selektieren noch verarbeiten, noch daraus die adäquaten Entscheidungen ableiten. Sie sind vielmehr chronisch „unterinformiert", dadurch werden die Entscheidungswege länger und die Reaktionszeiten unverhältnismäßig verzögert.

▪ Es scheitert an der mangelnden Berücksichtigung des „menschlichen Faktors".

▪ Es scheitert insbesondere am Versuch, alle Vorgänge zentral „beherrschen" zu können (Malik 1984, 50ff).

Statt des technizistischen Bürokratie-Ansatzes beschreibt die heutige Organisationssoziologie Organisationen als „autopoetische Systeme" (Luhmann 2000) oder als „lernende Organisationen" (Senge 1990). Gemeint sind damit spezifische Sichtweisen von Organisationen.

Die zentrale Aussage zur Systemtheorie von Organisationen lautet: „Das System verursacht sich selbst" (Luhmann 2000, 58). Das bedeutet: Die Organisation lässt sich als System betrachten, das sich dadurch von seiner Umwelt abhebt, dass es seine eigenen Regeln produziert und sich selbst ständig reproduziert. Diese Einsicht hat drei wichtige Folgen für die Organisationsentwicklung:

▪ Jede Organisation hat ihre eigenen „Gesetze", die sich insbesondere in ihrer Art ausdrücken, wie Informationen verarbeitet und Entscheidungen getroffen werden.

▪ Organisationen konstituieren sich dadurch, dass Entscheidungen kommuniziert werden. Die Gestaltung von Kommunikationsprozessen hat insofern in Organisationsentwicklungen höchste Priorität.

▪ Die Organisation ist nicht von außen und schon gar nicht gegen ihren Willen zu „steuern". Sie ist allenfalls zur Veränderung anzuregen. Das ist der Grund, weshalb viele gut gemeinte Beratungsversuche scheitern.

Entscheidend für die Überlebensfähigkeit einer Organisation sind ihre „Lerngesetze", die sie sich selbst gibt (Hesseler 1995), z. B.: Wie werden die Anforderungen der Umwelt in Entscheidungen verarbeitet, zentral von einer Spitze oder zufällig von einigen Mitarbeiterinnen? Wie wird mit Fehlern umgegangen? Was passiert mit den Ideen der Mitarbeiterinnen (Geißler et al. 1998)?

Eine Organisation muss die Balance finden zwischen der Geschlos-

senheit nach innen und der Kommunikation mit der Außenwelt. Der
Verkäufer muss einerseits sein Produkt kennen lernen und gut verstehen, er muss andererseits den Kunden überzeugen, wie gut das Produkt
ist (Luhmann 2000, 70).

Konstitutiv für Organisationen ist die Komplexität der zu bewälti-
gende Aufgabe angesichts unüberschaubar vieler Variablen. Man be-
trachte nur die Anforderungen, die sich aus den unterschiedlichen Kun-
denwünschen und den vorhandenen Ressourcen ergeben. Insofern ist
die Managementaufgabe eher ein Ausbalancieren als das „Herstellen"
optimaler Lösungen (Malik 1984, 25).

Aus dieser Tatsache ergibt sich eine weitere Konstante von Organisationen: Sie sind ständig in einem Zustand der kognitiven Unsicherheit.
Der Umgang mit der Unsicherheit wird zu einer weiteren Schwierigkeit
von Reformen: „Die beste Möglichkeit, mit Unsicherheit zurechtzu-
kommen, ist, sich an das zu halten, was bereits geschehen ist. Organisationen klären den Sinn ihres Tuns daher weitgehend retrospektiv" (Luhmann 2000, 48). Wer je mit Organisationsentwicklungsprozessen zu tun
hatte, wird dieses Phänomen nur zu gut kennen. Ereignisse der Gegen-
wart, Befürchtungen und Hoffnungen auf die Zukunft werden auf dem
Raster der Vergangenheit interpretiert. Auch hier gilt: Nur durch
langsame Veränderung der Lernbedingungen werden neue Möglichkeiten in der Organisation etabliert, Unsicherheit zu reduzieren.

Strukturen sind das „Gedächtnis" der Organisation. Sie vermindern
die ohnedies immer vorhandene Unsicherheit (Luhmann 2000, 183), indem sie die unüberschaubaren Entscheidungsmöglichkeiten reduzieren.
Sie geben Antwort auf immer wiederkehrende Fragen, wie z. B.: Wie
soll Personal eingestellt werden? Wie wird mit einem spezifischen Fehler umgegangen? Wer darf wem etwas befehlen? Weil sie zur Entlastung
der prozessualen Vorgänge beitragen, sind Strukturen als „Entscheidungsprämissen" (Luhmann 2000, 222ff) unabdingbar.

Andererseits ist es eine Illusion zu glauben, man könne, wie Max Weber meinte, alle möglichen Variablen so im Voraus bestimmen, dass
garantiert die optimale Entscheidung getroffen wird. Angesichts der
nicht beherrschbaren Komplexität der Details ist dies nicht möglich.
Vielmehr ist die Nichtbeherrschbarkeit „von oben" ein Faktor, der immer berücksichtigt werden muss. Die Mitglieder einer Organisation
müssen Entscheidungsspielräume haben, in der jeweiligen Situation adäquat handeln zu können (Malik 1984, 38). Aus dieser Eigenart von Organisationen ergeben sich gewichtige Folgerungen für das Managementkonzept:

▪ Das rein formale Input-Output-Verständnis einer Organisation allein genügt für die Organisationsentwicklung nicht, um deren Komplexität zu beschreiben. Vielmehr müssen die Lernbedingungen der Organisation in den Blick genommen werden. Das aber muss sich auch in der Personalführung niederschlagen: Eine moderne Organisation funktioniert nicht ohne eine systematische Personalentwicklung (Hesseler 1995, 98).

▪ Steuerung durch eine hierarchische Spitze ist unmöglich und wird abgelöst durch das Prinzip der Selbststeuerung kleiner, lebensfähiger Einheiten. Teamarbeit statt Solistentum, Vereinbarung statt Anweisung, gemeinsames Suchen statt bloßem Gehorsam, Kreativität statt Perfektionismus sind praktische Konsequenzen für die Managementlehre.

▪ Wenn dem so ist, kommt es in einer Organisation entscheidend auf die Motivation der Mitarbeiterinnen an. Diese wiederum hat entscheidend mit dem Entscheidungsspielraum zu tun, der ihnen zur Verfügung steht (Luhmann 2000, 19). Da gute personenbezogene Dienstleistungen ohnedies nur mit motiviertem Personal denkbar sind, muss dies umso mehr beachtet werden.

Abzulehnen ist aber auch eine „Willkürorganisation", die glaubt, auf ein strukturelles Gerüst verzichten zu können. Fehlende Strukturen haben den gleichen Effekt wie ein fehlendes Gedächtnis.

Neben der Organisationsstruktur, die als Gedächtnis von früheren Entscheidungen wie ein Gerippe in einer Organisation fungiert, bedarf es der Gestaltung der Organisationskultur. Dieser „Komplex der unentscheidbaren Entscheidungsprämissen" (Luhmann 2000, 241) prägt eine Organisation genauso wie die definierten Entscheidungsprämissen (Strukturen, Vorgaben, Budgets), wenn auch auf andere Weise. Die Organisationskultur vermittelt beispielsweise das Bild der Organisation bei ihren Mitgliedern, ohne jedoch formell geregelt zu sein (Luhmann 2000). Zur Kultur gehören Verstehensmuster und Verhaltenskodizes, Selbst- und Fremdbilder genauso wie Wertvorstellungen (Bleicher 1991, 729ff). Eine leistungsfördernde Unternehmenskultur entsteht allerdings nicht durch „Machen" des Managers, sondern „wie von selbst", bleibt anonym, äußert sich in Tür-und-Angel-Gesprächen, und in dem, was man schwer greifbar als „Klima" bezeichnet (Fuchs 1984). Wenn auch nicht direkt gestaltbar, gibt es doch Regeln, die eine produktive Kultur begünstigen.

Diese allgemeinen Feststellungen mögen in notwendigerweise knapper Ausführung den theoretischen Hintergrund beschreiben, vor dem nun konkrete Bedingungen für eine funktionale soziale Organisation charakterisiert werden können.

1.4   Funktionale organisatorische Bedingungen für soziale Organisationen

Das, was wir theoretisch unter „lernender Organisation" verstehen, ist schon in Umrissen deutlich geworden. Der heutige Stand der Organisationstheorie beschreibt eine funktionale Organisation als ein soziales System, das sich in ständiger Auseinandersetzung mit seiner Umwelt befindet. Nachfolgend versuchen wir, diese Theorie auf soziale Organisationen anzuwenden. Bleicher (1991, 75ff) charakterisiert den Unterschied zwischen der bürokratischen Struktur und der anzustrebenden „Vertrauensorganisation" anhand von acht Kriterien, mit denen wir gleichzeitig einen Überblick über die in diesem Buch angesprochenen Themenfelder geben können:

Laterale Kooperation.   Die „Vertrauensorganisation" praktiziert laterale Kommunikation, indem die Mitglieder neben den Partikularinteressen auch das Ganze im Blick haben und miteinander um gute Lösungen dafür ringen. Spartendenken schwächt die Bereitschaft, die Interessen der Gesamtorganisation mit zu denken. Wenn z. B. eine Kita sich nur als lose Vereinigung von einzelnen Gruppen versteht oder wenn Leiterinnen nur ihre eigene Einrichtung sehen, fehlt die laterale Kooperation: Statt des gemeinsamen Auftrags wird lediglich ein Teilinteresse verfolgt. Für soziale Organisationen, also auch die Kita, heißt laterale Kooperation hingegen, die Einzelinteressen und das Gemeininteresse zusammenzubringen. Hierzu bedarf es Bewusstseinsbildung, aber auch struktureller Vorkehrungen, sowie praktischer Einübung. Im Kita-Unternehmen sind Kollegialorgane (z. B. Team, Leiterinnenkonferenzen) und mit echten Entscheidungskompetenzen ausgestattete Problemlösungsgruppen sinnvolle Instrumente.

Personenorientierung.   Die „Vertrauensorganisation" entbürokratisiert, indem sie durch breite persönliche Entscheidungsspielräume Kreativität, Initiative und Leistungswillen belohnt. Charakteristisch ist ein kooperativer Führungsstil und ein vertrauensvolles Arbeitsklima. Umfassende Mitgestaltungsmöglichkeiten müssen vorhanden sein.

Überschaubare, flexible Organisationseinheiten. Im Gegensatz zur bürokratischen Organisation wird in der „Vertrauensorganisation" die Macht in der gesamten Organisation verteilt und nicht an der Spitze konzentriert. Für soziale Organisationen bedeutet diese Machtverlagerung die klare Delegation von Kompetenzen auf die kundennahe Organisation vor Ort.

Teilautonome Gruppenarbeit. Besonders zur Entwicklung neuer „Produkte" ist die Teilautonomie von kleinen Gruppen unabdingbar. Nur wenn sie die Freiheit zu gemeinsamer Gestaltung haben, können „Mini-Geschäftsbereiche" innovativ und kreativ wirken. Für soziale Organisationen ist dies ein klares Bekenntnis zur Teamarbeit. Dem Team müssen im Sinne obiger Kompetenzverlagerung formelle Kompetenzen übertragen werden.

Unternehmerisches Handeln. Lange Entscheidungswege, unklare Regelungen, nicht beschriebene Kompetenzspielräume sind „Feinde" unternehmerischen Handelns. Deshalb darf es in der „Vertrauensorganisation" nur so viele Entscheidungsebenen geben wie unbedingt nötig. Das mag für einen Initiativkindergarten kein Problem sein. In einer Großstadtverwaltung ist eine solche kundengerechte Organisation derzeit fast nicht vorstellbar.

Strategische Ausrichtung der Gesamtorganisation. Im Hinblick auf die Wertentscheidungen des Unternehmens müssen dessen Organisation, seine Programme, seine Kooperationsbeziehungen und die sich daraus ergebenden Entscheidungen (z. B. Investitionen, Personal) langfristig geplant werden (Hentze, Brose 1985, 132). Dies ist in Wirtschaftsunternehmen genauso wie bei sozialen Organisationen.

Aufgabenorientierung im Unternehmen. Grundsätzlich soll die „Vertrauensorganisation" so gestaltet werden, dass ihre Aufgaben im Vordergrund stehen. Für die Kita ist dies zunächst die optimale Betreuung von Kindern. Was so einfach klingt, wird ein anspruchsvolles Ziel, wenn man die Bedingung betrachtet, unter der eine Aufgabenorientierung möglich ist: die optimale Motivation der Mitarbeiterinnen. Es gehört zur Führungskunst, beide Pole, die der Interessen der Mitarbeiterinnen und die sachliche Aufgabe in Einklang zu bringen (Bleicher 1991, 92).

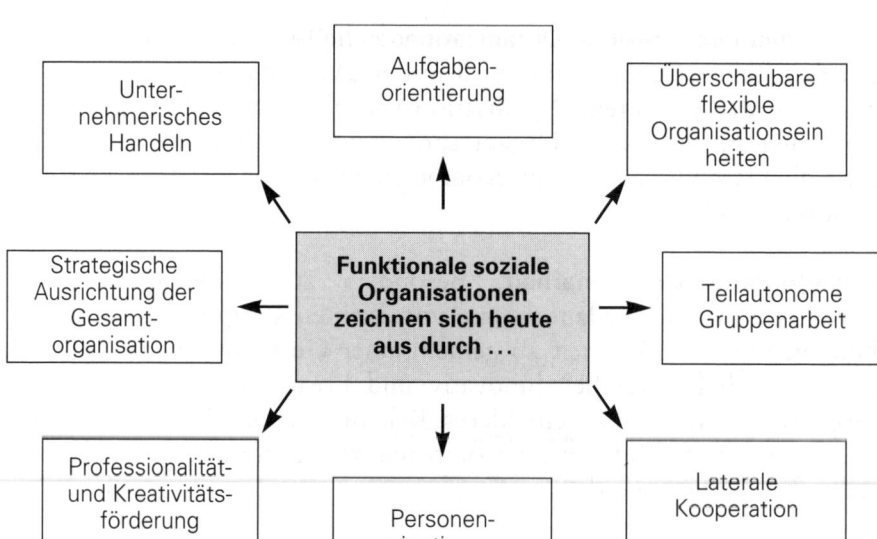

Abb. 1: Die acht Kriterien einer Vertrauensorganisation

Professionalität- und Kreativitätsförderung.   Professionalität und Kreativität sind „kritische Erfolgsvariablen" (Bleicher 1991, 180) eines
marktwirtschaftlichen Unternehmens. Eine professionelle und kreati-
vitätsfördernde Organisationskultur ist das Produkt gezielter Anstrengungen. Die Kita-Organisation muss deshalb den Mitarbeiterinnen
genügend Freiräume zur Entfaltung ihrer Kreativität sowie Fort- und
Weiterbildungsmöglichkeiten zur Entwicklung ihrer Professionalität
bieten.

1.5   Die Organisationsstruktur des Trägers

Die Kompetenzen für Personal (z. B. Personaleinstellung, Recht zur
Dienstanweisung an Mitarbeiterinnen, Recht zur Abmahnung, Kündi-
gung, Zeugniserteilung) und Budget (Haushaltsplanerstellung und -über-
wachung) sind häufig nicht geregelt, oder sie sind so geregelt, dass sie
damit vollständig beim Träger der Kindergärten verbleiben. Dies ist
dann der Fall, wenn es keine ausdrückliche oder nur zeitweilige Befugnis der Leiterin gibt. Leiterinnen haben zwar eine Reihe von Aufgaben

(z. B. Verantwortung für die Pädagogik), aber nicht die nötigen Kompetenzen (z. B. Dienst- und Fachaufsicht über die Kolleginnen). Die einzelnen Leiterinnen gewährte Kompetenzen zur selbständigen Verwaltung von Budgetposten und Mitentscheidung bei Personaleinstellungen sind in der Regel strukturell nicht abgesichert. Damit ist es dem Träger jederzeit möglich, jede Personalmaßnahme ohne Rücksprache mit der Kindergartenleitung zu treffen. Wenn solche Organisationsbedingungen vorliegen, kann kaum von einer flexiblen und transparenten Organisation gesprochen werden. Insbesondere bei Konflikten im Personalbereich wird dies immer wieder deutlich. Bisweilen hat die Organisation nicht einmal festgelegt, wer welches Weisungsrecht hat oder wer welchen der Vorgänge zu dokumentieren hat. Wenn weder die Form der Dokumentation noch die Dienstpflichten (und selbstverständlich die Rechte) schriftlich festgelegt sind, können Sanktionen gegen unzuverlässige Mitarbeiterinnen kaum durchgesetzt werden. Die Folge ist: Sanktionen unterbleiben, sehr zur Belastung des Teams, zur Destabilisierung der Autorität der Leiterin und letzten Endes zum Schaden der Kita. Häufig fehlen ebenfalls Stellenbeschreibungen, Führungsrichtlinien, Dienstordnungen (Künkel, Watermann 1997, 11). Fehlende Formalisierungen erhöhen den Grad der Unsicherheit und verhindern nicht nur die Kreativität und Professionalität eines Teams.

In vielen Einrichtungen sollen Leiterinnen zwar Personal anleiten, haben aber keine Personalkompetenz. Sie sollen organisieren, haben aber kaum Finanzkompetenz. Als „Lösung" empfehlen manche Kita-Management-Bücher für Leiterinnen das Ausdiskutieren von Entscheidungen (Künkel, Watermann 1997, 79). Man mutet so den Leiterinnen zu, Entscheidungen so lange zu diskutieren, bis ein Konsens gefunden ist. Wer solches „Ausdiskutieren" kennt, weiß, dass hierfür viel Zeit aufgewendet wird, die Ergebnisse aber oft zu wünschen übrig lassen. Was oft als fehlende Kompetenz beschrieben wird, entsteht durch nicht klar definierte Aufgaben der Leitung (Sturzbecher 1998, 117).

Auf einer Fortbildung zur „neuen Rolle" ihres Tätigkeitsfeldes zählten die anwesenden Leiterinnen Rollenerwartungen auf, die an sie gestellt werden: Sie seien Freundinnen, Beraterinnen, Kolleginnen, sie hätten zu motivieren, zu trösten, zu bitten, zu moderieren. Von fast 20 Leiterinnen kam keine auf die Idee, dass sie etwas zu „entscheiden" hätte. Ihre Konferenzen werden von den Leiterinnen als zu unkonzentriert und insgesamt als sehr unbefriedigend erlebt. Sie wissen nicht, welchen Stellenwert ihr Votum bei den Entscheidungen des Trägers hat, ihre Erfahrung ist, dass ihre Entscheidungen ohne Folgen und bisweilen ohne

Antwort bleiben. Dies alles sind äußerst belastende Bedingungen, unter denen Leiterinnen zu „Leiderinnen" werden.

Sowohl in bürokratisch geführten kommunalen Kitas als auch bei vielen kleinen Trägern fehlt die unternehmerische Gesamtausrichtung in Form marktstrategischer Entscheidungen. Möglicherweise ist dies in Trägerverwaltungen die Folge einer nach wie vor marktfremden Denkrichtung, aber häufig auch die Unfähigkeit fachfremder Vorstände. Ebenso fehlen systematische Planungen zur Markterschließung, der Dienstleistungsgestaltung, der Servicequalität und des Marketings. In den Stadtstaaten Hamburg oder Bremen – Orte, in denen die Konkurrenz groß ist – sind die Bedingungen erkennbar anders. So praktizieren Kitas in Bremen beispielsweise bereits Benchmarking bezüglich der Verwaltungskosten, d.h. sie vergleichen ihre Verwaltungskosten systematisch mit denen anderer Träger, um zu erkennen, ob ihre eigene Verwaltung bei ähnlicher Angebotsstruktur effektiv arbeitet (Wehrmann, Abel 2000, 24ff). Von einer solchen Praxis der Rationalisierung und Marktorientierung sind die meisten Kitas noch weit entfernt.

Erfreulicherweise hat im Kita-Bereich Teamarbeit schon immer einen großen Stellenwert. Sie ist meist tief im Bewusstsein der Mitarbeiterinnen, weniger aber strukturell verwurzelt. Wenn Teams aber nicht wissen, was sie eigentlich zu entscheiden haben, wenn sie zudem die Erfahrung machen, dass ihre Entscheidungen ohne Folgen bleiben, sind sie von vornherein gebremst und entwickeln nur Teile dessen, was teilautonome Gruppen grundsätzlich vermögen. Damit Teams ihre volle Wirkung entfalten, bedarf es einer Verankerung ihrer Kompetenzen. Diese liegen in den seltensten Fällen vor.

Für die Zukunft erscheint die Aufgabe der Kitas gigantisch: Marktfähigkeit, Aufbau der Management-Bedingungen, Qualitätspolitik, Wertbezug und vieles mehr soll nicht vergessen werden. Wenn man die dargestellten Bedingungen der Kita-Wirklichkeit mit dem Anforderungsprofil Sozialer Organisationen vergleicht, lassen sich jetzt vier zu entwickelnde Elemente des Kita-Unternehmens zusammenfassen (siehe Abb. 2):

Marktstrategie. Das bisher Erreichte darf keinesfalls verloren gehen: Die Qualitätsanstrengungen, besonders im pädagogischen Bereich, sind integrale Bestandteile der Marktfähigkeit und Grundvoraussetzung dafür, dass die Kita ihre Werte verwirklichen kann. Die Anstrengungen zur Gewinnung neuer Kunden müssen verstärkt werden.

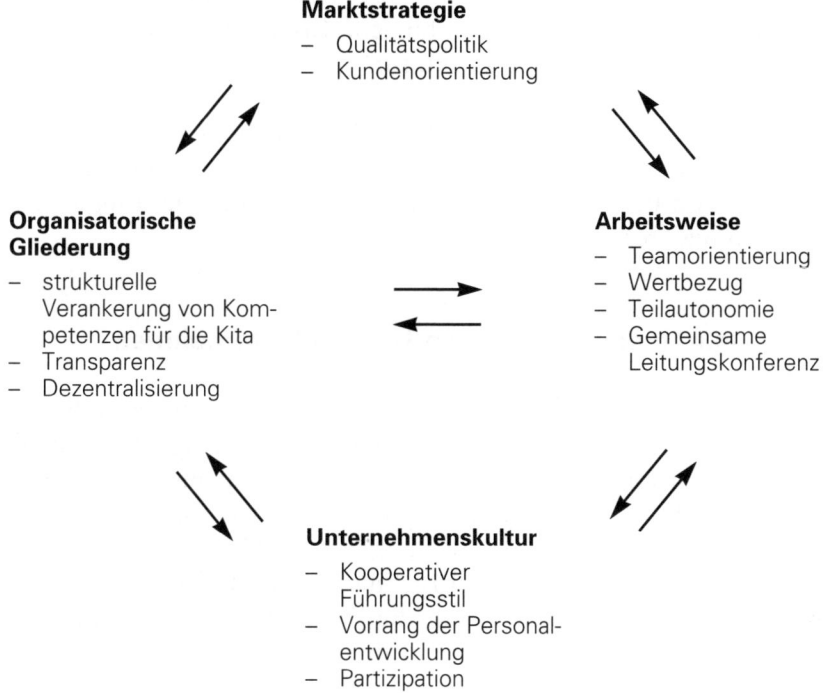

Marktstrategie
- Qualitätspolitik
- Kundenorientierung

Organisatorische Gliederung
- strukturelle Verankerung von Kompetenzen für die Kita
- Transparenz
- Dezentralisierung

Arbeitsweise
- Teamorientierung
- Wertbezug
- Teilautonomie
- Gemeinsame Leitungskonferenz

Unternehmenskultur
- Kooperativer Führungsstil
- Vorrang der Personalentwicklung
- Partizipation

Abb. 2: Das „lernende Kita-Unternehmen"

Organisatorische Gliederung.   Nach dem Grundsatz der Subsidiarität müssen Personal-, Budget- und Organisationskompetenz auf die Leiterinnen der Kita übertragen werden. Die Übertragung der Kompetenzen muss aus Gründen der Transparenz schriftlich fixiert sein. Daneben sind notwendige schriftliche Formalisierungen (z. B. Stellenbeschreibungen) vorzunehmen.

Arbeitsweise.   Teamorientierung und teilautonome Gruppenarbeit, etwa in Form von Qualitätszirkeln, ermöglichen der Kita die Verbindung von Markt- und Wertbezug. Zu den wichtigen horizontalen Verbindungen im Sinne lateraler Kommunikation gehören gemeinsame Leitungskonferenzen.

Unternehmenskultur.   Kreativität in der Dienstleistungsgestaltung und Mitarbeiterinnenzufriedenheit entsteht nur durch einen kooperativen

Führungsstil, kontinuierliche Personalentwicklung und Partizipation der Mitarbeiterinnen an Entscheidungen. Insgesamt bedarf es einer marktzugewandten Unternehmenskultur.

Grundlage ist das Verständnis der Kita als „lernendes Unternehmen", dem es durch dauernde Anpassung der Organisation und durch kreative Potentiale seines Personals gelingt, eine optimale Dienstleistung erfolgreich zu produzieren.

1.6   Qualitätspolitik im lernenden Kita-Unternehmen

Wenn wir über „Qualität" in der Kita sprechen, fallen zunächst die verschiedenen Qualitätsmanagement-Modelle (QM) ins Auge. Deshalb gilt es, sich zunächst mit dem wohl populärsten Qualitätsmodell auseinander setzen, der DIN ISO 9000ff, die großen Einfluss auf die Qualitätskonzepte Sozialer Arbeit hat (z. B. Baur, et al. 1999). Und das, obwohl der Aufwand im Vergleich zum Ergebnis unverhältnismäßig groß erscheint. Die theoretischen Versuche, die Prinzipien der ISO 9000ff auf Soziale Einrichtungen zu übertragen, führen zu recht unterschiedlichen Ergebnissen (Drabner, Pawellek 1997; Bostelmann, Metze 2000; Meinhold 1997), und der Grund dafür ist einfach: Die ISO-Philosophie wurde an industriellen Prozessen entwickelt und erprobt, ihre Grundidee ist es, Qualität zu sichern, indem Verfahren normiert und formalisiert werden (Frey 1997, 19). Da das Endprodukt industrieller Produktion in all seinen Bestandteilen genau beschrieben werden kann, etwa bei einem Auto oder einer Werkzeugmaschine, ist diese Vorgehensweise berechtigt. Wenn ich genau die richtigen Verfahren einhalte, entsteht das entsprechende Produkt genau so, wie es geplant ist: Ich kann seine Qualität sichern, indem ich die Entstehungsvorgänge exakt beschreibe und die Einhaltung der Verfahren sichere. In Teilbereichen Sozialer Arbeit mag eine Übertragung sinnvoll sein, etwa wenn dieser Bereich einen außergewöhnlichen Mangel an Formalisierung aufweist. Aber gerade in sozialen Prozessen ist es unmöglich, anhand der Einhaltung formaler Regeln Qualität zu garantieren, weil das Endergebnis, beispielsweise ein Erziehungsprozess, nicht wie ein materielles Produkt klar vor Augen steht und von vornherein wie ein solches beschrieben werden kann. Hier bedarf es neben der formalen Absicherung eines inhaltlich klar definierten Qualitätsbegriffs, der mehr leistet, als Verfahren zu normieren. Es mag für Altenheimträger ein Fortschritt sein, das Anklopfen an der Tür des

Betreuten zum Qualitätsstandard zu erheben und als Verfahren zu beschreiben, das Festschreiben von Banalitäten alleine ergibt jedoch noch keine Qualitäts-Strategie. An diesem Beispiel zeigt sich, was dem ISO-QM vielerorts fehlt: Es ist zu statisch, zu formal, zu wenig auf die Spezifika sozialer Märkte ausgerichtet. Die Zertifizierung, die mit der ISO-Norm erreicht wird, bescheinigt dem Unternehmen, dass „der Betrieb das ISO-System korrekt unterhält" (Frey 1997, 20), aber beantwortet nicht die Frage nach der inhaltlichen Qualität. Für eine Zertifizierung und damit für die ISO 9000ff spricht lediglich ein Argument: Wenn mit dieser Strategie ein Marktvorteil erreicht werden kann, lohnt der Aufwand auch in betriebswirtschaftlicher Hinsicht. Solange im Kita-Bereich keine ertragssteigernde Wirkung von Zertifizierungen nachzuweisen ist, ist von den (auch finanziell nicht unerheblichen) Anstrengungen, ein ISO-System inklusive Zertifizierung zu entwickeln, wohl eher abzuraten.

Ein wenig weiter hilft uns das Modell des Total Quality Management (TQM). Hier haben wir es mit einem Konzept zu tun, das sich – im Gegensatz zur ISO 9000ff – auf die wesentlichen Aspekte des Kindertagesstätten-Management beschränkt, gleichzeitig aber viel Freiheit in der Gestaltung der Umsetzung lässt, auf überflüssige Formalisierungen verzichtet und darüber hinaus nicht Qualität über die Korrektheit von Verfahren, sondern über die inhaltliche Ausrichtung auf den Kunden sichern will. TQM geht von folgendem Grundverständnis aus:

- Qualität kann nur vom gesamten Unternehmen garantiert werden, jeder Teil (Träger, Leitung, Mitarbeiterinnen) des Unternehmens muss sich am Qualitätssicherungsprozess beteiligen.
- Qualitätsverbesserung ist ein vom Träger gewolltes wichtiges Unternehmerziel.
- Die Qualitätsverantwortung wird auf Mitarbeiterinnen mit und ohne Leitungsverantwortung verlagert.
- Pädagogische und nichtpädagogische Prozesse (z. B. Arbeitsabläufe) werden analysiert und verbessert.
- Ein umfassend angelegtes Schulungs- und Ausbildungsprogramm trägt zur dauernden Verbesserung der Prozesse bei (Wonigeit 1994, 55f).

Schon aus diesen wenigen Stichworten wird ein weiterer Grund ersichtlich, warum gerade dieses Modell sich für ein Managementkonzept von Kindertagesstätten eignet: TQM verlangt zwingend die Einbeziehung

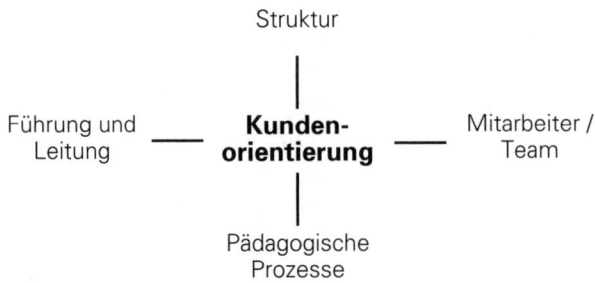

Abb. 3: Kundenorientierung im Kita-Unternehmen

des Trägers, die in bisherigen Qualitätskonzepten für Kindertagesstätten kaum berücksichtigt wird. Die gängigen Konzepte beschränken sich in den allermeisten Fällen auf die pädagogische Qualität, ob man sie nun „Erziehungsqualität" (Fthenakis 1998b) oder „pädagogische Qualität" (Tietze et al. 1998; Roßbach 1999) nennt. Das TQM-Konzept geht von einer Aufgabenverteilung zwischen Träger, Leitung, Team und Mitarbeiterinnen aus, im Mittelpunkt des Modells steht die „optimale Befriedigung der Bedürfnisse des Konsumenten" (Oess 1989, 81). In unserem Fall sind dies zunächst die Bedürfnisse der Kinder und Eltern. Im TQM wird die Mitarbeiterorientierung als „notwendige Voraussetzung für die Zufriedenheit der Kunden" (Bühner 1995, 40) angesehen, so dass die Mitarbeiterzufriedenheit als gleichrangiges Ziel neben der Zufriedenheit der Eltern und Kinder zu sehen ist. Mitarbeiterinnen können dementsprechend als „interne" Kunden angesehen werden. Im Einzelnen lässt sich Qualität dann sichern, wenn folgende Bereiche in die Überlegungen einbezogen werden (siehe Abb. 3).

Von Qualität in einem Unternehmen kann man dann sprechen, wenn die Bereiche Führung, Mitarbeiter, Strukturen und Prozesse optimal und funktional auf die Werte des Unternehmens bezogen sind, insbesondere auf das Wohlergehen seiner Kunden. Im Übrigen geht TQM davon aus, dass mit der Einführung des Qualitätsmanagements Kosten sinken, z. B. indem unnötige Reibungen vermieden werden, indem es zu störungsfreien Prozessen kommt, indem organisationale Vorgänge gestrafft werden usw. (Hummel, Malorny 1997, 12).

Im Gegensatz zu der ISO-Norm 9000 setzt das TQM eine Geisteshaltung voraus, die ohne weiteres mit der der Sozialen Arbeit vereinbar ist. Gefordert werden Einstellungen wie:

- transparent, nachvollziehbar handeln
- Kunden nachhaltig zufrieden stellen
- Potenziale der Mitarbeiterinnen freisetzen
- an der ständigen Verbesserung aller Prozesse arbeiten (Wolter 2000, 55).

Auch wenn das TQM-Modell gegenüber der ISO also deutliche Vorteile hat, genügt der Qualitätsbegriff alleine nicht, um ein überlebensfähiges Kita-Unternehmen zu schaffen. Zwar gibt TQM die richtigen Themen vor und beschreibt Perspektiven, jedoch bedarf es einer auf die Eigenart von Kitas abgestimmten spezifischen Qualitätspolitik, die diese Perspektiven konkretisiert und für den spezifischen Bedarf einer sozialen Einrichtung inhaltlich ausrichtet. Meist thematisieren die wissenschaftlichen Konzepte für den Kita-Bereich, die in Fortbildungen, Tagungen, aber auch in wissenschaftlichen Publikationen vorgelegt werden, lediglich pädagogische Teilqualität, allenfalls werden sehr schematisch und wenig begründet „Standards" vorgelegt (Kronberger Kreis 1998), die allerdings mangels systematischer Herleitung kaum wissenschaftlichen Charakter haben. So bleiben etwa die Fragen offen, welche Unternehmensstruktur, welche Arbeitsteilung für diesen Bereich funktional ist, welche spezifischen Bedürfnisse Mitarbeiterinnen und Leiterinnen in Kita-Unternehmen haben und wie diese befriedigt werden können. All diese Fragen beantwortet das TQM nicht. Wer aber TQM einführt, wird diese Fragen beantworten müssen. Deshalb bedarf es weiterer Überlegungen zu den Spezifika sozialer Einrichtungen im Allgemeinen und zum Kita-Unternehmen im Besonderen.

1.7   Das lernende Kita-Unternehmen

Um die Kita überlebensfähig zu machen, braucht das Kita-Unternehmen eine inhaltlich gefüllte, dynamisch konzipierte und strategisch ausgerichtete TQM-Qualitätsstrategie. Damit ist die Schnittmenge zwischen TQM und dem noch zu entwickelnden Kita-Unternehmenskonzept beschrieben: Qualitätspolitik kann sich nur im Kita-Unternehmen voll entfalten, das Kita-Unternehmen ist gleichzeitig die nötige Konkretisierung der TQM-Forderung auf das Kita-Arbeitsfeld. Das, was TQM fordert, nämlich für das Unternehmen schlüssige Personal-, Organisations- und Strukturentwicklung zu leisten, muss in einem Kita-Unternehmensmodell konkrete Form annehmen, was nichts anders bedeutet, als sich in Richtung „Markt" zu bewegen.

Die Notwendigkeit zur Veränderung wird verstärkt, wenn man realisiert, dass zu den Kunden- und Marktanforderungen andere „Stakeholder" (also Interessensträger) hinzukommen, deren Interessen es zu berücksichtigen gilt. Die Wirtschaftswissenschaft unterscheidet in diesem Zusammenhang zwei Ansätze: den Shareholder- und den Stakeholder-Ansatz. Shareholder, das sind Aktionäre, die ihr Unternehmen danach beurteilen, ob und wie viel Gewinne es macht. Das Erfolgskriterium ist einzig die Höhe des Gewinns. Mit welchen Produkten oder Mitteln dies erreicht wird, ist zweitrangig.

Der Stakeholder-Ansatz geht von einer anderen Überlegung aus: Für Organisationen, die nach dieser Logik arbeiten, ist nicht die Gewinnmaximierung das entscheidende Ziel, sondern die Realisierung bestimmter Werte und Ziele bezogen auf Interessensgruppen. Kitas arbeiten selbstverständlich nicht nach der Gewinnmaximierungslogik, sondern wollen die Ziele ihrer Interessensgruppen verwirklichen. Diese „Stakeholder" und ihre Ziele können wir mit Lohmann (1997, 215) näher charakterisieren (siehe Tabelle 1).

Tab. 1: Interessensgruppen einer Kindertagesstätte

Stakeholder (Interessensgruppen)	Ziele
Kunde	soziale Leistung
Mitarbeiterin	sicherer Arbeitsplatz
Management	Lebensfähigkeit des Unternehmens
Kapitalgeber (z. B. Kirche, Sponsoren)	soziales Engagement
Kostenträger	ordnungsgemäße Abwicklung
Träger	Umsetzung der Werte
Gemeinde	Einbindung in das Gemeinwesen
Gesellschaft	professionelle soziale Dienste
Wohlfahrtsverbände	Lobby für sozial Schwache
Bildungseinrichtungen	Wissenstransfer
Berufsgruppe	Professionalität
Umgebung	soziales Engagement für die Nachbarschaft

„Stakeholder" verkörpern Anforderungen, die die Kita aufnehmen und verarbeiten muss. Viele der Kitas sind aber für die komplexen und sich häufig widersprechenden Anforderungen schlecht gerüstet. Da sind zum einen Erzieherinnen und Leiterinnen, die pädagogisch geschult und interessiert sind, aber wenig geschult, um die Interessen der unterschiedlichen Gruppen angemessen zu bedienen. Da sind Fachberaterinnen und Verbände, die gut vorbereitet sind, jedoch nicht flächendeckend die Möglichkeiten haben, ihre Zukunftsszenarien in aktive Organisationsentwicklung umzusetzen. Schließlich sind auch Fachkräfte unterwegs, die sich mit der althergebrachten „Feuerwehrfunktion" („Eingreifen, wenn's brennt") begnügen oder ihre Kompetenzen hauptsächlich in traditionellen pädagogischen Bahnen entwickeln (Rumpf 2000). Zudem haben wir es mit einer völlig uneinheitlichen Trägerlandschaft zu tun, die aus kleinen und kleinsten Trägern, eigenständigen Vereinen, Elterninitiativen, Kirchenstiftungen, an Verbänden angeschlossenen teilautonomen Kitas, kommunalen Kitas innerhalb großer oder kleiner Stadtverwaltungen besteht und deren Vertreter mehr oder weniger Interesse an Stakeholder-Anforderungen haben. In diese Landschaft hinein werden nun Konzepte implementiert, die in sich durchaus stimmig sein mögen. Der Erfolg der Implementierung allerdings ist gefährdet, wenn die strukturellen Rahmenbedingungen (z. B. schlechte Bezahlung, Familiengründung der jungen Frauen, defizitäre Erzieherinnenausbildung) nicht entsprechend an die Bedürfnisse sozialer Organisationen angepasst werden. Die in sozialen Berufen häufig anzutreffende Scheu vor strategischen Entscheidungen und ihr fester Glaube an die alles bewegende Kraft der persönlichen Beziehung macht es jedoch schwer, diese Botschaft zu vermitteln. Die häufigste Folge der Überforderung durch die vielfältigen Anforderungen ist im Kita-Bereich die Abschottung. Man beschränkt sich auf kosmetische Veränderungen, auf Einführung neuer Techniken und verbaler Neuschöpfungen. In Zeiten eines härter werdenden Wettbewerbs sind Teillösungen jedoch keine Lösungen.

Mit dem Stakeholder-Konzept (Bleicher 1992a, 75) wird dreierlei deutlich: Es ist irreführend, alle Stakeholder als „Kunden" zu bezeichnen, da viele von ihnen mit den wesentlichen Charakteristika eines „Kunden" (Prinzip des Tausches Geld gegen Leistung) nichts gemein haben.

Ebenso wenig sinnvoll ist es, Kunden und andere Stakeholder undifferenziert unter neuen Oberbegriffen zu fassen, etwa Eltern, Träger, Gesellschaft allesamt „Interessenspartner" o. Ä. zu nennen. Dies würde den Unterschied zwischen den Interessen der Kunden und z. B. denen der Gemeinde verschleiern.

Das Stakeholder-Konzept beschreibt eine Besonderheit des sozialen Bereichs: Es geht nicht um kurzfristige Entnahme von Gewinnen, wie beim Konzept der Gewinnmaximierung (Shareholder-Konzept), sondern um die langfristig andauernde Zufriedenheit verschiedener Stakeholder, so unterschiedlich deren Interessen auch sein mögen. Insofern sind alle Maßnahmen des Kita-Unternehmens keine Methoden der Gewinnmaximierung, sondern der Erfüllung sachlich und wertbezogener Ziele. Dies präzisiert den Kundenbegriff, den das TQM in den Mittelpunkt stellt, indem der Kunde nicht in erster Linie unter dem Aspekt des „Geldverdienens" gesehen wird, und er relativiert die wirtschaftlichen Anforderungen an das Kita-Unternehmen.

Wer eine lernende „Kulturgemeinschaft" statt einer gehorsamen „Söldnergemeinschaft" will, muss das Kita-Unternehmen sinnstiftend führen, d. h. den Mitarbeiterinnen deutlich machen, dass ihr Einsatz lohnt (Sattelberger 1998, 19). In besonderer Weise betrifft diese Forderung die Führungskräfte. „Envisioning" heißt das in der Wissenschaft derzeit verwendete Schlagwort für das lernende Unternehmen, was Führung durch motivierende Unternehmensziele bedeutet. Durch realistische, glaubwürdige, attraktive und visionäre Bilder der angestrebten Organisation wird, so die Überzeugung der Wissenschaft, Akzeptanz, Identifikation, Verständnis und die Mitmachmotivation gefördert (Neumann 1999, 135). Gerade hier könnte die Stärke von gemeinnützigen Verbänden liegen, wenn sie ihre Unternehmenspolitik professionalisieren.

Ein lernendes Kita-Unternehmen unterscheidet sich von der herkömmlichen Kita dadurch, dass über kurzfristige Anpassungsentscheidungen hinaus eine strategische Orientierung für eine langfristige Unternehmensentwicklung erarbeitet wird. Je schneller und tief greifender die Veränderungen der gesellschaftlichen und sozialpolitischen Umwelt sind, desto wichtiger wird die Bereitschaft, sich der Umwelt zu öffnen und Folgerungen für die eigene Dienstleistung zu ziehen (Risse 1991, 88). Je flexibler eine Kita mit den Umweltanforderungen umgeht, je besser es ihrer Organisation gelingt, zeit- und stakeholdernahe Antworten zu finden, desto höher ist die Wahrscheinlichkeit ihres Erfolges (Welge, Al-Laham 1999, 42).

Dies alles kann nur gelingen, wenn die Kita sich als handlungsfähiges (Neumann 1999, 131) und lernfähiges Kita-Unternehmen erweist. „Das Unternehmen muss sich als offenes System gegenüber der Umwelt begreifen und Frühwarnsysteme aufbauen, beispielsweise durch die Aktivierung des Know-hows der Beschäftigten über Kunden, Markt und

Umweltfaktoren" (Bullinger 1996, 19). Eine ausgefeilte Bürokratie erfüllt diese Voraussetzungen ebenso wenig wie eine hohe Unsicherheit produzierende Organisation, die keine Kompetenzen festlegt. Sind die Entscheidungswege unklar oder zu lang, ist möglicherweise der günstige Moment einer wirtschaftlichen Entscheidung vorbei oder die Mitarbeiterin verliert gar die Motivation. Für „lernende Unternehmen" sind deshalb einfache Strukturen mit kurzen Entscheidungswegen zwingend. Es gilt, „... die Schaffung umfassender Aufgaben- und Verantwortungskomplexe sowohl auf der Ebene von Einzelarbeitsplätzen als auch auf der Ebene von Projektgruppen" (Bullinger 1996, 21) zu gewährleisten.

Auch die Arbeitsweisen in einer Kita werden durch die neue Sichtweise einer Überprüfung unterzogen. Während traditionell das Gruppenprinzip („Verantwortlich bin ich nur für meine Gruppe") gilt, wird nun stärker ein unternehmensbezogenes Verantwortungsgefühl verlangt, das sich in Teamarbeit zur Bewältigung gemeinsamer Problemstellungen ausdrückt (Risse 1991, 94). Das lernende Unternehmen diagnostiziert fortdauernd einrichtungsbezogenen und einrichtungsübergreifenden Veränderungsbedarf.

Das alles heißt für Führungskräfte, die „geistig-emotionalen Grundlagen des Managements" zu modifizieren: Statt mit Wissen Macht auszuüben ist von Managern gefordert, Lernen zu managen und Lernfortschritte aller zu fördern (Hesseler 1995, 104). Neben der bislang fast ausschließlich geforderten Fachkompetenz bedarf es darüber hinaus weiterer Kompetenzen einer Kita-Führungskraft:

- Soziale Kompetenz zur kooperativen Mitgestaltung
- Lernkompetenz zur Gestaltung des Know-how-Transfers
- Innovationskompetenz zur Moderation und Gestaltung von Veränderung (Hesseler 1995, 109)

2 Was uns wert und teuer ist: Wertvorstellungen und Kundenorientierung in Kindertagesstätten

2.1 Ist „Kundenorientierung" unethisch?

Im Mittelpunkt jedes sozialen Unternehmens steht die Orientierung an den eigenen Grundwerten, seien diese christliche, humanistische oder sozialistische. Eine an diese Grundwerte angepasste „Kundenorientierung" widerspricht nicht ethischen Forderungen. Vielmehr sichert sie das Überleben der Organisation. Die Sozialer Arbeit zugrunde liegenden Werte geraten nur dann in Gefahr, wenn der Träger keine konsequente Kundenorientierung verfolgt oder die Mitarbeiterinnen sie nicht teilen. Insofern sind es weniger die Betriebswirtschaft, der Markt oder die Ökonomisierung, die ein Gefahrenpotential darstellen, als das Versäumnis der Träger, die eigene Wert- und Kundenorientierung zu verankern (Klug 1997).

Kundenorientierung an sich stellt eine wertgebundene Einrichtungsphilosophie nicht in Frage. Die häufig geäußerten Bedenken, man opfere dem Markt seine Werte, sind wenig nachvollziehbar. Vielmehr sind die Werte, die in einer Einrichtung von den Mitarbeiterinnen geteilt werden, als Teil ihrer Identität nicht prinzipiell marktfeindlich. Ein klares Profil ist sogar eine Grundvoraussetzung für wirtschaftlichen Erfolg. Die weiter vorgebrachte Behauptung, man hätte es bei sozialen Dienstleistungen gar nicht mit Märkten, sondern mit von Kostenträgern bestimmten Nachfragemonopolen zu tun, stimmt für den sozialen Bereich seit Anfang der 90er Jahre nicht mehr. Im Bereich der Kindertagesstätten zeigt sich die Tendenz, die wir im Bereich der Pflege schon beobachten konnten: Die Kunden bestimmen mit ihrem Kaufverhalten, welche Kindertagesstätte überleben wird. Die Bezuschussungspraxis der Kommunen wird die Akzeptanz der Kita bei den Eltern in Zukunft noch mehr in den Vordergrund stellen. Wenn zukünftig statt pauschaler Finanzierung der Kita nur noch die tatsächliche Belegung mit Kindern finanziert wird, kommt es noch mehr darauf an, Eltern davon zu überzeugen, ihr Kind in dieser Kita anzumelden. Je besser die Auslastung, desto besser die Finanzierung – und umgekehrt. In Kapitel 6 werden wir darauf noch zurückkommen. Angesichts der Sprache des Marktes hilft kein Jammern und auch nicht der Verweis auf äußere Umstände: Der Kunde hat sein Urteil gefällt, ob man ihn nun Kunde nennt oder nicht. Der Souverän ist derjenige, der aussucht, welche Leistung er haben will und welche nicht, nach welchen Kriterien auch immer diese Wahl getroffen wird.

Ein recht verstandener Kundenbegriff impliziert nicht nur nichts, was mit der Ethik von Trägern der Kindertagesstätten unvereinbar wäre, er birgt vielmehr ein zutiefst ethisches Grundpostulat: Orientiere dich als Professioneller am Wohl der Betreuten, wie sie es selbst verstehen, tue nichts, was ihren formulierten Interessen widerspricht oder ihnen schadet, achte auf ihre Zufriedenheit und konstruiere keinen Gegensatz zwischen deinen Werten und den Interessen deiner Nutzer (Baur et al. 1999, 262). Der Vorwurf, der Kundenbegriff verschleiere die Abhängigkeit der Nutzer von der sozialen Einrichtung (Künzel-Schön 1996, 9) ist zumindest im Bereich der Kitas unrichtig. Was hier behauptet wird, mag für Soziale Arbeit im hoheitlichen Bereich (Oliva 1997, 459) nachvollziehbar sein (z.B. in der kontrollierenden Funktion eines Jugendamtes oder der Bewährungshilfe), nicht aber dann, wenn die Nutzer (in unserem Fall Eltern und ihre Kinder) freiwillig und ohne Zwang sich zwischen mehreren Anbietern entscheiden können und dies tun. Es liegt in der Beziehung zwischen den Mitarbeiterinnen der Kita und den Eltern jenseits des formellen Vertrages kein Macht-, sondern vielmehr ein Vertrauensverhältnis vor. Eltern vertrauen einer professionellen Einrichtung ihren Nachwuchs an – ein Vertrauen, das die Kita verantwortungsbewusst erfüllen muss. Das Qualitätsversprechen, das die Grundlage des Vertrages zwischen den Eltern und der Einrichtung ausmacht, verpflichtet die Einrichtung zu einer dem Vertrag angemessenen Qualitätspolitik. Das Vertrauensverhältnis beinhaltet weiterhin, die Arbeit in der Einrichtung transparent zu machen, die Kita zu öffnen. Fehlen Transparenz und Qualität, werden sich zukünftige Eltern abwenden – und sich damit wahrhaft als Kunden zeigen.

Im Kontext sozialer Dienstleistungen ist der „Kunde" also derjenige, auf dessen Bedürfnisse hin eine Dienstleistung erst entsteht. Sie erreicht ihren Sinn allein dadurch, dass sie nachgefragt wird. Dies aber geschieht in der Regel nur dann, wenn sich der Kunde davon überzeugt hat, dass ihn die zu erwartende Dienstleistung zufrieden stellt. Dabei ist selbstverständlich zuzugeben, dass der Chor der Kundenwünsche einer Kita nicht einstimmig ist. Wir haben es hier genauso wie in der freien Wirtschaft mit Menschen zu tun, die kritischer werden, gerade, was ihre Kinder betrifft. Für alle Eltern aber gilt das, was die Werbewirtschaft längst weiß: „Die heutigen Kunden verlangen, dass man mit ihnen spricht (...), dass man auf sie zukommt, dass man sie wie Gäste behandelt" (Kießling, Koch 1999, 18). Über ihr Verhalten wollen Eltern Einfluss auf die Gestaltung der Leistung nehmen, verbessernd, verändernd, im extremen Fall aber auch mit der Möglichkeit, auf die Leistung zu verzichten, indem sie in einer anderen Einrichtung nachfragen. Die Möglichkeit der Entscheidung ist Ausdruck ihrer Freiheit, die die Einrichtung zu respektieren hat. Wir können hier sowohl einen betriebswirtschaftlichen als auch einen pädagogischen Zusammenhang erkennen: Die Freiheit des Klienten, das Angebot der Sozialen Arbeit für sich zu nutzen oder nicht, ist im wirtschaftlichen Kontext die Freiheit des Kunden, ja oder nein zu einer Dienstleistung zu sagen. Die viel gescholtene Sozialarbeit in den USA (Grams 2000, 79) bringt derzeit Standards im Zusammenhang mit einem Verbraucherschutz von Klienten („consumerism") hervor, von dem die Klienten der Sozialen Arbeit in Deutschland nur träumen können (Moxley 1997, 112ff). Ist es denn so unvorstellbar, dass es demnächst Testurteile geben wird, aus denen (wie beispielsweise bei Universitäten schon üblich) ein „Ranking" entwickelt wird, welche Kita den besten Service, die beste Betreuungsqualität, die freundlichsten Erzieherinnen etc. bietet?

Ein prinzipieller Gegensatz zwischen der betriebswirtschaftlichen und der pädagogischen Sicht ist nur dann erkennbar, wenn ideologisch andere Prämissen vorgeschaltet sind, etwa eine Ablehnung des Gesellschaftssystems überhaupt oder der Stellung sozialer Organisationen in dieser Gesellschaft. Nein, einen recht verstandenen Kundenbegriff kann nur ablehnen, wer in ihn etwas hinein interpretiert, was nicht in ihm steckt. Wer ihn dagegen so versteht, dass „die Bedürfnisse der Konsumenten möglichst gut befriedigt werden sollen, was sowohl die laufende Ausrichtung einer möglichst effizienten Produktion an den Konsumentenwünschen als auch permanente Bemühungen zur Verbesserung (...) dieser Bedürfnisbefriedigung mittels Innovation impliziert" (Kerber 1991, 23), mag sogar seine Scheu vor betriebswirtschaftlichen Definitionen (und dies ist eine) verlieren.

In einer Kita sind es in erster Linie die Eltern, die im wirtschaftlichen Sinne Nachfrager der Leistungen sind, weil sie für die erbrachten Leistungen zahlen und damit über die Existenz der Einrichtung entscheiden. Insofern wenden wir uns mit den Marketing-Bemühungen zunächst an sie, selbstverständlich mit einem „Produkt", das sie zufrieden stellt: Eltern suchen die optimale Betreuung für ihre Kinder, deren Reaktionen selbstverständlich in ihr Qualitätsurteil mit eingehen. Insofern sind mittelbar auch die Kinder Kunden des Kita-Unternehmens. Zufriedene Kinder in der Einrichtung zu haben, ist jedoch lediglich eine notwendige, aber keine hinreichende Bedingung für zufriedene Eltern. Damit der Kunde „König" wird, bedarf es insbesondere einer neuen Denkhaltung, die sich in einem Kommunikationsangebot an dem „Kunden" zeigt. Es gilt die Selbstbezüglichkeit der eigenen Einrichtung zu erkennen und die Nutzer in den kritischen Reflexionsprozess einzubeziehen (Merchel 1995, 330). Nicht die Pädagogen bestimmen unabhängig darüber, wie sich die Programmatik der Einrichtung entwickelt, der Kunde sollte mitbestimmen können. Nur so kann das Kita-Unternehmen zu einer „lernenden Organisation" werden, wie dies heute die Organisationstheorie fordert. Der Weg dahin ist lang und beginnt doch mit nichts anderem als mit dialogischem Verhalten. Auch dies ist alles andere als inkompatibel mit den Werten Sozialer Arbeit. Welcher Nutzer hätte wohl, wenn er bei der Gestaltung der Programme gefragt würde, noch etwas dagegen, als „Kunde" betrachtet zu werden?

2.2   Was heißt „Kundenorientierung" in einer Kindertagesstätte?

Als ich in einem Qualitätsmanagement-Projekt die Leiterinnen mit dem Stichwort „Kundenorientierung" konfrontierte, erhob sich Protest. „Was heißt hier Kunde?" wurde mir entgegengehalten. Müsse man jetzt seine Grundsätze aufgeben? Wenn die Eltern jetzt kämen und „Junkfood" einführen wollten, müsste man dann im Sinne einer Kundenorientierung auch noch lächelnd mitmachen? Zwischen den Extremen, entweder alles von den Wünschen der Eltern abhängig zu machen oder in pädagogischer Besserwisserei zu verharren, liegt der Mittelweg recht verstandener Kundenorientierung. Wenn wir den Vorgang analysieren, der zur „Erstellung" einer Dienstleistung in der Kita führt, wird sehr schnell deutlich, warum dies so sein muss. Für eine Dienstleistung gilt immer das Prinzip der „Koproduktion" (Herder-Dorneich 1992, 76): Der Pädagoge kann seine Leistung nur in Zusammenarbeit mit dem Nutzer erbringen. Anders als etwa in einer industriellen Produktion, in der der Unternehmer den Produktionsprozess von Anfang bis Ende eigenständig steuern kann, entsteht die Dienstleistung nur bei unmittelbarer Anwesenheit des Kunden. Dies erfahren viele Sozialarbeiterinnen leidvoll: Wenn ihre Klienten nicht „mitmachen", ist jedes Bemühen umsonst. Insofern kann das

Ziel einer Kindertagesstätte, die Entwicklung eines Kindes optimal zu fördern, niemals gegen den Willen der Eltern durchgesetzt werden, wenn man von sehr extremen Ausnahmen, etwa dem Kindesmissbrauch, absieht. Es bleibt also schon aus diesem Grund nichts anderes übrig, als sich mit den Intentionen der Eltern auseinander zu setzen und alle am Erziehungsprozess Beteiligten ins Boot zu holen. Die oft anzutreffende Haltung der Pädagogen, dass Eltern eben nichts von Pädagogik verstünden und man sie deshalb belehren müsse, ist nicht nur pädagogisch problematisch, schließlich sind die Eltern die Hauptakteure der Erziehung, sie ist im wirtschaftlichen Sinne der „Koproduktion" auch unmöglich. Es hilft nur die Verstetigung des Dialogs, was aus pädagogischer und aus betriebswirtschaftlicher Sicht der einzig gangbare Weg ist.

Die entgegengesetzte Haltung ist in sozialen Einrichtungen weniger zu finden, sie ist nichtsdestoweniger ebenso falsch. Seine eigenen Werte denen seiner Kunden völlig unterzuordnen, heißt, sein eigenes Profil bis zur Unkenntlichkeit zu verwässern. Damit aber sinkt die Attraktivität nach außen: Es wird nicht mehr erkennbar, wofür eine Kita steht. Im Übrigen kommt eine solche Haltung von selber an ihre Grenzen: Sie ist bei sich widersprechenden Elternwünschen nicht durchzuhalten.

Eine Einrichtung, die sich ihrer Werte und ihrer grundsätzlichen Ziele sicher ist, die sie diskursiv verankert und schriftlich in einer Gesamtkonzeption festgelegt hat, ist weder in Gefahr, sich vom Markt etwas aufzwingen zu lassen, noch starr an überkommenen Vorstellungen festzuhalten.

Insofern lässt sich das Problem aus unserem Ausgangsbeispiel klären: Weder die sofortige Übernahme eines Elternvorschlages, noch die brüske Ablehnung ist kundenorientierte Haltung, sondern die Auseinandersetzung in den verschiedensten Dialogformen: Gespräch, Elternabend, Projekt, Informationsveranstaltung ... Dass am Ende des Prozesses sowohl Veränderung des Angebotes als auch die Beibehaltung von Programmen stehen kann, ist klar. Wichtig ist die kundenorientierte Haltung: „Uns ist wichtig, was Eltern uns zu sagen haben".

Eine systematische Kundenorientierung spielt sich im Dreieck zwischen Kunde – Konkurrenz – eigene Einrichtung ab (Müller-Hagedorn 1996, 45). Die Kita erreicht das Optimum der Kundenorientierung, wenn sie auf folgenden drei Feldern aktiv wird:

Erkennbarkeit nach außen und innen.   Die optimale Haltung im Sinne der Erkennbarkeit nach innen und außen lässt sich mit dem Konzept der „Corporate Identity" (CI) beschreiben, der diskursiven Entwicklung und Verschriftlichung eines unverwechselbaren Profils, das für die angestrebte Zielgruppe einen hohen Erkennbarkeitswert entwickelt und sich deutlich in positiver Weise von den Konkurrenten abhebt (Karolus 1994). Bei ihrer Profilentscheidung muss die Einrichtung darauf achten, dass sie ein marktfähiges Angebot entwickelt (Kammerer 1988), um dadurch ihre eigenen Werte zu verwirklichen. Je klarer das Profil einer Einrichtung ist, desto klarer kann die Frage entschieden werden, ob ein Kundenwunsch erfüllbar ist oder nicht. Eine gelungene Profilierung hat im Idealfall zwei Wirkungen: Sie verbindet das Team über gemeinsame Werte, aus denen heraus sich Strukturen und Programme bilden können (Kreuzer et al. 1986, 33), und sie schafft nach außen eine klare Erkennbarkeit mit der Chance größerer Resonanz bei den Eltern. Äußere Zeichen einer gelungenen Profilierung sind:

- Festlegung auf ein einheitliches Logo
- Festlegung auf ein einheitliches Auftreten nach außen (Briefköpfe, Form der Pressemitteilungen)
- Erstellung von Werbematerialien (T-Shirts, Regenschirme …)
- Gestaltung einer Internet-Homepage

Kommunikation mit Kunden.   Es gehört zu den Notwendigkeiten einer am Markt orientierten Einrichtung, aus ihrem Profil und ihrem Angebot ein für sie spezifisches Marketingkonzept zu erstellen. Teil dieses Konzeptes ist die strukturelle Verankerung von Marketing-Maßnahmen in den Jahresplan (siehe hierzu auch Kapitel 2.4.).

Konkurrenz zu anderen Einrichtungen.   Auch wenn es im sozialen Bereich, insbesondere auch in Kindertagesstätten, nicht gern gehört wird: Der Erfolg wird auch davon abhängen, ob es gelingt, sich von der Konkurrenz abzusetzen – kurz: Eltern davon zu überzeugen, dass ihre Kinder in der eigenen Einrichtung besser aufgehoben sind als in der Konkurrenzeinrichtung. Auch Landkindergärten sollten sich ihrer Angebotslücken bewusst sein. Jederzeit kann ein Initiativkindergarten Eltern die gewünschte Alternative bieten.

2.3 Profilentwicklung: Von der Unkenntlichkeit zur Corporate Identity

Charakteristisch für viele vorwiegend aus der Pädagogik stammenden Entwürfe zur Profilentwicklung ist: Sie verkennen die Marktrelevanz pädagogischer Qualitätsstandards. Erfahrungsgemäß gewöhnen sich nämlich die Kunden sehr schnell daran und fordern dann weitere Verbesserung (z.B. bei Öffnungszeiten). Insofern sind Standards unter Marketinggesichtspunkten notwendig, keinesfalls aber hinreichend. Kitas, die lediglich Standards einhalten, unterscheiden sich nicht von anderen Kitas, die die Standards ebenfalls einhalten. Vielmehr bedarf es eines eigenständigen Profils, das sich von dem Profil anderer signifikant unterscheidet. Ein unverkennbares Profil kann nur durch eine strategische Unternehmensentwicklung entstehen, d.h. es muss langfristig geplant werden. Um zu einem eigenständigen Profil zu kommen, bedarf es zweier Prozesse, die hier zwar nacheinander vorgestellt werden, die in der Praxis aber parallel verlaufen (siehe Abb. 4):

▪ Die Selbstvergewisserung: Wer sind wir? Was wollen wir? Was können wir?
▪ Die Kommunikation mit den Kunden im Rahmen eines Marketingkonzeptes.

In Sozialen Organisationen beginnt die Selbstvergewisserung mit der Frage nach den Wertgrundlagen, die konstitutiv für sie sind. Bewusst stehen nicht die Bedürfnisse des Marktes an erster Stelle der Überlegungen, sondern die Basiswerte der Einrichtung. Es ist im Gegensatz zu kommerziellen Trägern eben nicht gleichgültig, womit man „Geld verdient". So ist m.E. für Wohlfahrtsverbände, für alle Einrichtungen in kirchlicher und freigemeinnütziger Trägerschaft unabdingbar, ihre Wertvorstellungen erkennbar werden zu lassen, da ansonsten früher oder später die Frage nicht mehr beantwortet werden kann, weshalb man sie braucht (Klug 2000a). Das Problem, das in vielen Untersuchungen sichtbar wird, mögen die Trägerverantwortlichen häufig kaum glauben: Viele ihrer Mitarbeiterinnen kennen die Trägerwerte kaum, oder sie identifizieren sich nicht mit ihnen (Nübel 1994). Die Profilbildung ist eine Möglichkeit, die geistigen und motivationalen Grundlagen der Organisation wieder ins Gedächtnis zu rufen. So sehr die in der Sozialen Arbeit gebräuchliche diskursive Methode („Lass uns darüber sprechen") notwendig und sinnvoll ist, sie kann allenfalls ein Teil dieses Profilbildungs-

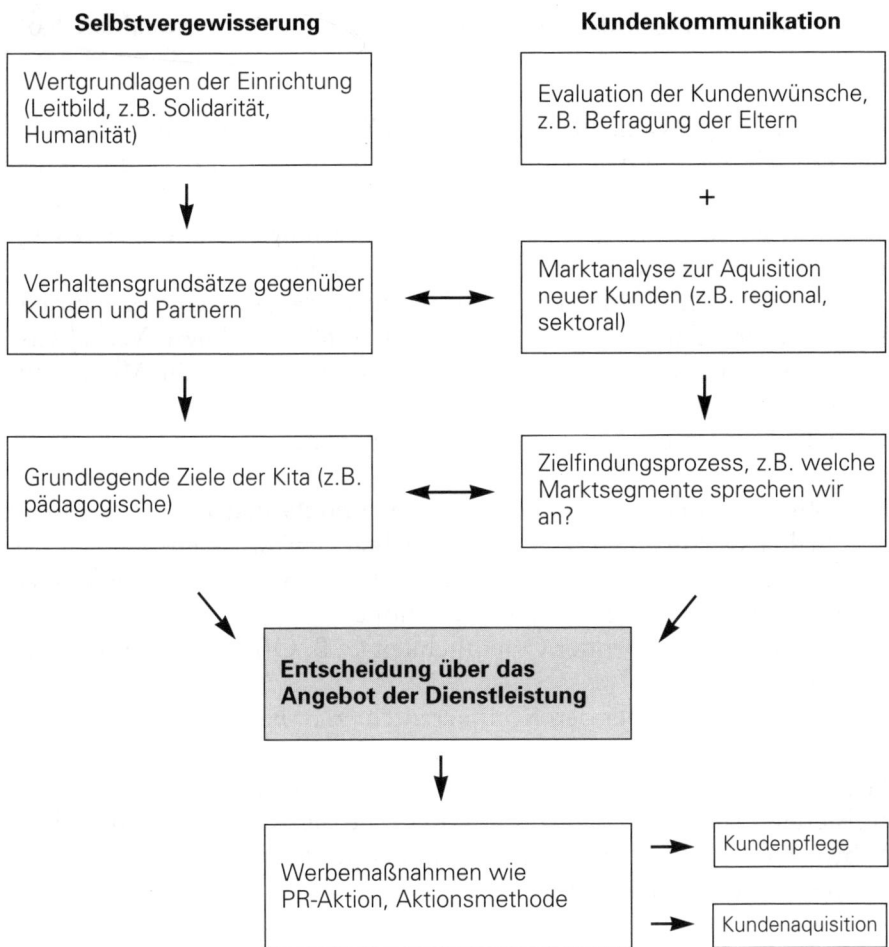

Selbstvergewisserung

Wertgrundlagen der Einrichtung
(Leitbild, z.B. Solidarität,
Humanität)

Verhaltensgrundsätze gegenüber
Kunden und Partnern

Grundlegende Ziele der Kita (z.B.
pädagogische)

Kundenkommunikation

Evaluation der Kundenwünsche,
z.B. Befragung der Eltern

Marktanalyse zur Aquisition
neuer Kunden (z.B. regional,
sektoral)

Zielfindungsprozess, z.B. welche
Marktsegmente sprechen wir
an?

**Entscheidung über das
Angebot der Dienstleistung**

Werbemaßnahmen wie
PR-Aktion, Aktionsmethode

Kundenpflege

Kundenaquisition

Abb. 4: Prozesse bei der Profilentwicklung

prozesses sein: Schon in dieser Phase muss der Träger seine Wertvorstellungen in die Diskussion mit einbringen (Erath, Amberger 2000, 103) oder besser gesagt, er muss diese Chance nutzen, seine Vorstellungen zu formulieren. In diesem Prozess der Selbstvergewisserung sollten folgende Dimensionen eine Rolle spielen (Rebstock 1988, 50):

Grundlagen – Werte und Wertvorstellungen (Vision). Dazu gehören z. B.:
- Ethische Maximen des Trägers (z. B. Solidarität, Religiosität, Stärkung der Familie)

- Wertvorstellungen der Mitarbeiterinnen (z. B. Professionalität, Kollegialität)

Ziel muss sein, dass die hier formulierten Werte zum gelebten Selbstbild der Einrichtung werden. Dies bedarf der besonderen Pflege durch den Träger. Die Formulierung der Unternehmensphilosophie gewinnt dann an motivierender Kraft, wenn die Mitarbeiterinnen dem Träger bezüglich der Verwirklichung Glaubwürdigkeit zubilligen.

Die Vision ist Grundlage für die Verhaltensgrundsätze der Einrichtung, die sich daraus ergeben (Rebstock 1988, 50): Diese Verhaltensgrundsätze sind Versprechen, an die sich der Träger und die Mitarbeiterinnen der Einrichtung binden. Diese Grundsätze dienen dazu, dass potenzielle Kunden die Kita identifizieren können.

Verhaltensgrundsätze gegenüber Kunden und Partnern
- Qualitätsversprechen (z. B. hohe Qualität gewährleisten)
- Verhaltensversprechen (z. B. bestmöglicher Service, Freundlichkeit im Umgang, Verhalten bei Reklamationen)
- Verhalten gegenüber der Öffentlichkeit (z. B. Offenheit für Anregungen)
- Verhalten gegenüber den Konkurrenten (z. B. Fairness im Umgang)

Schließlich sollten Ziele formuliert werden, die die Arbeit näher charakterisieren. Darin sollten auch die Potenziale der Mitarbeiterinnen Platz haben. Ziele sind Soll-Zustände, die in der konkreten Arbeit weiter differenziert werden müssen.

Ziele der Einrichtung.   Dazu gehören z. B.:
- pädagogische Ziele (Entwicklung der Persönlichkeit des Kindes, Ziele, die sich aus dem pädagogischen Ansatz ergeben)
- Mitarbeiterziele (hohe Zufriedenheit, Identifikation mit den Zielen, hoher Qualifikationsstand)
- Managementziele (Führungsstil, Unternehmenskultur)

Aus den Zielen der Einrichtung können konkrete „Produkte", d. h. Leistungen, die erbracht werden sollen, abgeleitet werden. Dieser Prozess sollte in Zusammenarbeit mit den Eltern und Partnern (z. B. anderen Organisationen) geschehen. Von entscheidender Bedeutung dabei ist die Unterscheidung zwischen „Kernprodukten" und „Zusatzleistungen", die sich aus den Zielvorstellungen der Kita und ihren Potenzialen ergeben.

Kernleistungen (= Standardprodukte).   Dazu gehören z. B.:

- pädagogische Qualität (Persönlichkeitsbildung der Kinder, Entwicklung von Sprache, Motorik, Wahrnehmung ...)
- Raumstandards (ansprechende Räume, vielfältige Materialien)
- Partizipationsstandards (Elternabende, Elternzeitung, Kinderkonferenzen)

Lohmann (1997, 256) definiert sie so: „Die Kerndienstleistungen bilden die Gründe, warum der Kunde zu uns kommt. Sie sind oft wenige und simpler als vermutet und machen das Wesen des ‚Geschäftes' aus." Kernleistungen sind demzufolge Basisprodukte, die dem Standard auf dem Markt entsprechen, z. B. Sicherheit der Kinder, pädagogisch anerkannter Ansatz (z. B. Situationsansatz), lebensweltorientierte Pädagogik, anregende Räume, kommunikative Kompetenz der Erzieherinnen etc. Diese Kernleistungen sind in der Regel in allen gängigen Standardwerken der Fachliteratur definiert, häufig mit sehr konkreten Messstandards (z. B. Franken 1999, Tietze et al. 1997). Leider wird in der Literatur der Marketingeffekt dieser Kernleistungen fast nie reflektiert. Da diese Kernleistungen auch von anderen Unternehmen angeboten werden, sind sie für die Kunden austauschbar.

Zusatzleistungen (= Leistungen, die andere nicht anbieten).

- Außergewöhnliche Öffnungszeiten als Angebot für Berufstätige
- Außergewöhnliche Angebote für spezifische Zielgruppen (Heilpädagogik, Hochbegabte, Lernschwache)
- Förderung von spezifischen Begabungen (Theaterprojekte, besondere musische Förderung, interkulturelle Kompetenz)
- Spezifische pädagogische Ausrichtung (Montessori, Waldorf, ökologisch orientierte Pädagogik)

Kitas, die erfolgreich sein wollen, müssen daher neben den Kernleistungen noch Zusatzleistungen anbieten, mit denen sie sich von den Mitbewerbern abheben. Bei Kitas beispielsweise sind Hygienestandards, Raumqualität, pädagogische Konzeptionen, Regelöffnungszeiten grundsätzlich austauschbare Kernleistungen, während besondere Angebote (z. B. Sprachförderung, ökologische Orientierung, Heilpädagogik, Altersmischung, besondere Öffnungszeiten, Elternstammtisch, Mutter-Kind-Gruppen) Zusatzleistungen darstellen, die die Kita von anderen abhebt. Für Einrichtungen, die ihre Kernleistungen noch nicht bis zum Standard entwickelt haben, ist es selbstverständlich schwierig, Zusatzleistungen zu definieren. Parallel zur Entwicklung von Standards ist dies dennoch nötig. Bei zunehmender Konkurrenz werden vom Markt zunächst die verschwinden, deren Kernleistungen nicht den Marktstandards entsprechen. Belohnen werden die Kunden jedoch besonders die, die sich in positiver Weise von anderen absetzen können. Eine Zusatzleistung kann selbstverständlich auch eine besonders hohe und über den Standards anderer liegende Qualität oder eine spezifische Pädagogik sein. Um ein spezifisches Kita-Profil zu entwickeln, bedarf es einer Reihe verschiedener Voraussetzungen:

- Bereitschaft und Fähigkeit des Trägers zu strategischem Planen
- Bereitschaft und Fähigkeit der Mitarbeiterinnen zu systematischer Ressourcenentwicklung
- Freiheit der Einrichtung, zu experimentieren
- Kommunikation mit den Kunden.

Das letzte Stichwort führt uns zur Frage der Kommunikation mit vorhandenen und potenziellen Kunden. Selbstverständlich, noch einmal sei es betont, muss ein solches Konzept, das jetzt idealtypisch dargestellt wurde, mit den Bedürfnissen des Marktes abgestimmt werden (Erath, Amberger 2000, 103). Entscheidende Frage für die Einrichtung dabei ist: Gibt es für mein Profil einen Markt? Die Antwort kann nur durch intensive Marktbeobachtung gefunden werden. Die Ergebnisse der Marktforschung finden Eingang – in Abstimmung mit dem Profil – in Zielentscheidungen, aus denen konkrete Angebote erwachsen.

Eine Warnung zum Schluss: Bei aller Notwendigkeit, Zusatzleistungen zu entwickeln, sei vor einer gefährlichen Strategie gewarnt: „Neue Produkte" anzukündigen, wie es beispielsweise Wehrmann und Abel (2000, 121ff) zur Finanzierung der Einrichtung vorschlagen, kann nur dann eine gelungene Strategie werden, wenn das Know-how vorhanden ist und die Leistung in das Profil der Einrichtung passt. Zusatzleistungen sollen den Charakter der Einrichtung unterstützen, nicht die Kernleistungen zur Nebensache werden lassen. So fragt sich der unbefangene Leser, woher Erzieherinnen die Qualifikation für PC-Schulungen der Eltern hernehmen sollen, wie sie manche Kitas anbieten. Eine Einrichtung, die Qualität nicht nur verspricht, sondern auch garantiert, kann und darf ihre Identität durch das Angebot neuer Produkte nicht in alle möglichen Richtungen „verwässern".

2.4 Eine Marketingstrategie entsteht: Gezielte Kundenpflege und Kundengewinnung

Bevor von einer Marketingstrategie gesprochen werden kann, müssen einige grundlegende Aussagen zum Thema „Marketing" vorangestellt werden. Wir wollen zunächst „Marketing" definieren: „Marketing stellt Probleme, Wünsche und Bedürfnisse ausgewählter aktueller und potenzieller Kundengruppen in den Mittelpunkt des unternehmerischen Denkens. ... Dieses ‚Denken-vom-Markt-her' verlangt eine planmäßige und systematische Erforschung des Marktes. [...] Die erfolgreiche Verwirklichung des Marketing erfordert eine planmäßige Koordination des Einsatzes marketingpolitischer Instrumente und Marketingprogramme, im Marketing-Mix, das die Programme integriert" (Kuhnle 1987, 139). Mit „Marketing Mix" meint Kuhnle (1987, 143) vier Maßnahmenbündel, die helfen sollen, die Dienstleistung zum Kunden zu bringen:

Produktpolitik: Wie muss das „Produkt", die Leistung, die wir erbringen, sein, dass sie beim Kunden, bei den Eltern und Kindern ankommt?
Preispolitik: Wie hoch können Gebühren sein, damit sie die Eltern im Einzugsgebiet noch bezahlen können? Welche Zusatzleistungen können wir mit den uns zur Verfügung stehenden Budgets noch anbieten?
Kommunikationspolitik: Wie sprechen wir unsere Kunden, die jetzigen und die zukünftigen, an? Was sind gute Möglichkeiten, die genau auf die Zielgruppe abgestimmt sind? Welches Image möchten wir haben, und was können wir dafür tun?
Distributionspolitik: Klassisch sind damit die Wege gemeint, die ein „Produkt" von seiner Entstehung bis zum Endverkäufer zu gehen hat. Interessant ist für eine Kita die Frage, wer „Mittler" sein kann zwischen der Einrichtung und den Kunden: Ansprechpersonen in Kirchengemeinden, Müttergruppen, Arztpraxen, aber auch Orte, an denen die Kita präsent sein muss, z. B. auf Stadtteilfesten, Infoständen und Markttagen.

Das Marketing einer Kita ist demnach mehr als „Werbung": Es ist Kommunikation mit dem Kunden, es ist Erforschung seiner Wünsche, es ist koordiniertes Vorgehen zur Akquisition neuer und zur Pflege vorhandener Kunden. Die Akquisition neuer Kunden wird in gängigen Managementkonzepten z. T. vernachlässigt, daher soll der Schwerpunkt dieses Kapitels auf diesem Aspekt liegen. Zunächst aber einige Bemerkungen zur „Kundenpflege". Selbstverständlich ist die Grundvoraussetzung für Kundenpflege eine hohe pädagogische Qualität im Umgang mit Kindern. Jenseits dieser unbestreitbar zentralen Qualitätsdimension gibt es eine Reihe von weiteren notwendigen Faktoren. Jansen und Wenzel (1999, 66-67) haben 10 Regeln gelungener Elternkommunikation aufgestellt:

1. Eltern werden ausreichend über alle wichtigen Vorhaben informiert. Die geeigneten Instrumente (Elternabende, Elternbriefe, Elternbeirat) gehören zum Standard.
2. Eltern erhalten ausreichend Zeit, über den Entwicklungsstand ihres Kindes zu sprechen.
3. Für jedes Kind wird eine Dokumentation über den Entwicklungsstand geführt, die bei Elterngesprächen vorgelegt wird.
4. Gesprächstermine werden so geplant, dass nach Möglichkeit keine Wartezeiten entstehen.
5. Elterngespräche haben immer Vorrang. Für alle besteht die Regel, bei einem Elterngespräch nicht zu stören. Dies gilt besonders auch für Aufnahmegespräche.
6. Die Mitarbeiterinnen reagieren bei Vorwürfen nicht mit Kritik. Vorwürfe der Eltern nehmen sie als Ausdruck von deren Unzufriedenheit an.
7. Elterngespräche werden dokumentiert, damit wichtige Inhalte nicht verloren gehen.
8. Freundlichkeit, Aufgeschlossenheit und ein gepflegtes Äußeres sind Signale der Wertschätzung, die den Kunden entgegengebracht werden.
9. Für die Zeit des Anmeldegespräches wird dem Kind die Möglichkeit eröffnet, mit anderen Kindern zu spielen und sich am Alltag der Einrichtung zu beteiligen.
10. Zum Standard gehören geregelte Rückmeldemöglichkeiten über die Zufriedenheit der Eltern.

Die Evaluation der Kundenwünsche (z. B. Elternbefragungen, Beschwerdemanagement) müssen selbstverständlich methodisch gut durchgeführt und strukturell verankert werden (siehe Kapitel 2.6).

Damit eine Kita langfristig überlebensfähig bleibt, müssen neue Kunden gezielt angesprochen werden. Diese Akquisition war bislang nur deshalb nicht nötig, weil es genügend Kinder gab und andere Anbieter sich dieser Mittel nicht bedient haben. Es ist zu erwarten, dass sich beide Voraussetzungen ändern. Um zukünftige Kunden zu erreichen, muss die Einrichtung ein Marketingkonzept entwickeln, indem sie Planung,

Organisation und Durchführung von Strategien und Aktivitäten festlegt, deren Ziel es ist, neue Kunden zu gewinnen (Bruhn, Tilmes 1989, 21). Dies ist besonders dann von entscheidender Bedeutung, wenn die traditionellen Kundengruppen nach und nach ausbleiben.

Ein Beispiel: Ein Regelkindergarten hat von Jahr zu Jahr mehr Schwierigkeiten, seine Plätze zu füllen. Die Marktanalyse zeigt, dass sich die Sozialstruktur des Stadtteils dramatisch ändert. Die Eltern sind zunehmend berufstätig und/oder allein erziehend und legen Wert auf eine Ganztagsbetreuung. Zudem wird in den Gesprächen mit der Schule deutlich, dass immer mehr Kinder sprachliche Probleme haben. Vorausschauendes Marketing erkennt diese Entwicklungen frühzeitig und kann mit entsprechenden Programmen reagieren. Eine Marketingstrategie überlässt diese wichtigen Erkenntnisse nicht dem Zufall, sondern plant den Bedarf, geht systematisch auf neue Zielgruppen (hier z. B. berufstätige Eltern) zu und entwickelt zielgruppenspezifische Angebote. Damit ist diese Kita den Konkurrenten immer einen Schritt voraus. Was gehört nun in ein systematisches Marketingkonzept (Müller 1989)?

Marktanalyse.   Die Marktanalyse erforscht Wünsche und Bedürfnisse zukünftiger Nutzer der Kita. Sie kann folgende Segmente erforschen (Bruhn, Tilmes 1989, 68):

- Regionales Segment: Die Wünsche von möglichst vielen Eltern einer Region mit Kindern im Kindergartenalter (etwa um die Kita herum) werden erfragt. Das Ergebnis ist eine regionale Analyse.
- Sozioökonomisches Segment: Die Wünsche besonderer Gruppen werden erforscht, beispielsweise die Bedürfnisse von Eltern mit hohem Lebensstandard oder im sozialen Brennpunkt. Das Ergebnis ist eine zielgruppenspezifische Analyse.
- Ethnographisches Segment: Die Wünsche ethnischer Gruppen werden erfragt, z. B. die ausländischer Eltern.
- Psychographisches Segment: Einstellungen, Wünsche und Interessen einer besonderen Gruppe werden eruiert (z. B. sehr junger Eltern etc.).

Die Entscheidung, welches Segment gewählt wird, hängt mit der einrichtungsspezifischen Profilentscheidung einerseits und ihren Vorannahmen bezüglich regionaler Märkte andererseits zusammen. Letztere kann durch gezielte Interviews mit Experten erhärtet oder auch verworfen werden. Ein Beispiel: In Gesprächen mit Lehrerinnen und Eltern stellt sich heraus, dass die Wohnungsbaugesellschaft eines Stadtteiles ein

Neubaugebiet mit großen Wohnungen vorwiegend mit größeren Familien belegt. Es liegt nahe, eine sozioökonomische Segmentanalyse zu machen, um zu bestimmen, was der Bedarf dieser neuzugezogenen Eltern sein wird.

Welche Methoden kommen in Frage? Die Betriebswirtschaft (Hüttner et al. 1994, 48ff) unterscheidet zwei Gruppen von Methoden: die Primärforschung („field research") und die Sekundärforschung („desk research"). Letztere arbeitet mit Statistiken, amtlichen Quellen und anderen öffentlich verfügbaren Daten. Für die Kitas kommen beispielsweise die Geburtsstatistik einer Gemeinde, die regionale Verteilung der Neugeborenen, die Bedarfspläne der Jugendämter (die von diesen pflichtgemäß erstellt werden müssen) in Frage. Es ist in der Regel kein Problem, an dieses Material heran zu kommen. Mehr Aufwand und größeres fachliches Know how erfordert die Primärforschung z. B. in Form einer Feldanalyse. Sowohl die Fragebogenerstellung als auch die Befragungen kosten Zeit und Geld, sind aber im Sinne der Markterforschung unumgänglich. Schriftliche Befragungen haben den Vorteil hoher Standardisierbarkeit, d. h. sie bieten im günstigsten Fall eine relativ hohe Validität der Daten. Allerdings ist der Rücklauf manchmal gering. Die Schwierigkeiten solcher Umfragen sind nicht zu unterschätzen, es empfiehlt sich insofern, dass eine Mitarbeiterin an einer entsprechenden Schulung teilnimmt. Trotz aller Probleme sollten Fragebogenaktionen zum regelmäßigen Standardinstrument von Kitas gehören (Wehrmann, Abel 2000, 100). Insbesondere regionale, aber auch soziographische Analysen sind mit Fragebögen prinzipiell günstig zu erstellen. Befragungen eignen sich, wenn es um Motivationen, um Einstellungen und Wünsche geht. Durch die kleinere Zahl der Befragten wächst zwar die Zielgenauigkeit, allerdings lässt sich daraus kein statistisch sicheres Ergebnis ableiten. Eine interessante Erweiterung des Methodenspektrums wäre die Einbeziehung von telefonischen Befragungen, die in den USA üblich sind. Allerdings stellt sich hier die Frage nach der Akzeptanz bei den Befragten. Gefragt werden kann nach

■ den Wünschen und Erziehungszielen, die Eltern für ihr Kind haben
■ Akzeptanz bestimmter Angebote
■ Wünschen an einen Kindergartenplatz
■ dem Image der Einrichtung

Es muss an dieser Stelle nicht betont werden, dass jede Form der Befragung eine automatische Kundenwerbung mit sich bringt.

Marktforschung ist in der Sozialen Arbeit nahezu unbekannt. Insofern werden die Fachkräfte auch in ihren Methoden nicht geschult. Hier
tut sich für die Fachberaterinnen ein riesiger Qualifizierungsbedarf auf,
den sie abdecken müssen, wenn sie nicht ihrerseits „am Markt vorbei"
qualifizieren wollen.

Zielfindung.   Wenn die einschlägigen Märkte erforscht sind, beginnt
der Zielfindungsprozess. Die Frage ist nun: Inwiefern entsprechen die
bestehenden Angebote dem ermittelten Bedarf? Hierzu ist eine Portfolio-Analyse sinnvoll (siehe Kapitel 2.6). Alternative Angebote müssen
entwickelt werden, wenn die Einrichtung neue Gruppen ansprechen
will (Akademiker, Alleinerziehende, Gutbetuchte, ausländische Familien ...). Sollte sich die Einrichtung für eine Anpassung an die Bedürfnisse des Marktes entscheiden, muss das Profil bezüglich der Kern- und
Zusatzleistungen überprüft werden. Entspricht das Gesamtangebot den
Bedürfnissen der angestrebten Zielgruppe, kann gezielt informiert und
geworben werden. Ziele können sein:

- Wir wollen beim nächsten Einschreibetermin unsere Anmeldezahl
  um einen festgesetzten Prozentsatz steigern.
- Für die neu anzusprechende Elterngruppe wollen wir ein attraktives
  Angebot entwickeln, was sich in positiven Rückmeldungen der Be-
  fragungsergebnisse widerspiegeln soll.
- Dabei wollen wir eine festgelegte Anzahl von Kindern der neuen
  Kundengruppe aufnehmen.

Wichtig für den Zielkatalog ist, dass die Ziele konkret benannt sind (klare Zielerreichungskriterien), dass sie realistisch sind und nicht die Möglichkeiten der Einrichtung übersteigen.

Werbemaßnahmen.   Wenn die Ziele feststehen, können entsprechende
Maßnahmen ausgewählt werden. Für Maßnahmen gilt generell: Sie sind
abhängig von den konkreten finanziellen Möglichkeiten, den persönlichen Fähigkeiten und sonstigen Ressourcen. Insofern sind sie variabel
und austauschbare Mittel, das angezielte Ergebnis zu erreichen. An dieser Stelle kann nur auf die verschiedenen Methoden hingewiesen werden, es würde zu weit führen, diese im Einzelnen auszuführen.

Wir können unterscheiden zwischen Aktionsmethoden einerseits
und dauernden Public Relations Maßnahmen andererseits (Bruhn, Tilmes 1989, 165, 193). Aktionsmethoden sind beispielsweise:

- Informationsveranstaltungen (themenbezogen: z. B. „Kinder brauchen Regeln"; einrichtungsbezogen: „Angebote unserer Kita")
- Stadtteilaktionen (z. B. Sommerfest, Infostände, Spielaktion)
- Tag der offenen Tür
- Briefaktion an gezielt ausgewählte Gruppen
- Schnuppertage für interessierte Kinder
- Presseaktionen (z. B. Redaktionsartikel: „Woche gegen Kindergewalt")

Public Relations Maßnahmen sind beispielsweise:

- Breite Streuung von Informationsmaterial
- Pressearbeit (Kontinuierliche Berichterstattung über Aktivitäten)
- Regelmäßige Interessentenbriefe

Entscheidend für den Erfolg der Methoden sind folgende Faktoren:

- Die Methoden müssen auf das entsprechende Ziel bzw. die Zielgruppe ausgerichtet sein.
- Erfolgreich ist meist ein „Kommunikationsmix" (Bruhn, Tilmes 1989, 193) aus verschiedenen Formen.
- Die Maßnahmen müssen in einem Maßnahmenplan festgehalten und kontrolliert werden.
- Für die Maßnahmen muss die Investition von Zeit und Geld eingeplant werden.

Alle Maßnahmen werden geplant durchgeführt und dokumentiert. Auch wenn sie nicht zum erwünschten Erfolg führen, geben sie doch Aufschluss über zielführende oder weniger zielführende Methoden des Marketing. Ein wichtiges Merkmal gelungenen Marketings ist die Dokumentation der Maßnahmen und ihrer Ausführung. Es hat sich gezeigt, dass Marketingmaßnahmen einmal pro Monat zu überprüfen sind (Müller 1989):

- Sind alle Aufgaben erledigt?
- Mit welchem Ergebnis?
- Sind Änderungen notwendig?
- Was folgern wir für zukünftige Maßnahmen?

Der Marketingzyklus endet mit einer Kontrolle anhand der Ziele und der weiteren Planung von Maßnahmen.

2.5   Vom Umgang mit der Konkurrenz

In kaum einer Abhandlung über Kita-Management findet sich ein Wort über Konkurrenz oder Verhalten zur Konkurrenz. Damit unterscheiden sich Managementkonzepte sozialer Einrichtungen von denen der freien Wirtschaft, in denen es selbstverständlich ist, die Konkurrenz im Auge zu behalten und Verhaltensgrundsätze zum Umgang mit ihr zu entwickeln. Woher kommt diese auffällige Zurückhaltung? Zunächst zeigt nämlich die demographische Entwicklung, dass bei Rückgang der Kinderzahlen automatisch eine Konkurrenzsituation entstehen wird, ob die Kitas dies nun wollen oder nicht (Eirich et al. 1998, 91). Es ist wohl das alte Paradigma der Sozialen Berufe, das traditionell keine Konkurrenz zulassen will oder kann, weil es auch keine Leistungsorientierung akzeptiert. Statt wegzusehen, gilt es, die Beziehung mit den Konkurrenten zu gestalten. Hier gibt es durchaus verschiedene Möglichkeiten (Bruhn, Tilmes 1989, 96):

- Koordinationsbeziehung
  Zusammenarbeit in komplementären Leistungen: („Was wir nicht anbieten können, bieten wir Ihnen bei anderen an!")
- Kooperationsbeziehungen
  Punktuelle Zusammenarbeit zum Zwecke der Durchsetzung gemeinsamer Ziele (z. B. sozialpolitische Ziele: „Wir sind einig im Anliegen der Verbesserung der Rahmenbedingungen")
- Konfliktbeziehung
  Kitas konkurrieren in Bezug auf Dienstleistungen um Kunden und stellen ihre eigene Qualität in den Vordergrund („Wir sind die Besten")

In jedem Fall gilt die Devise, sich mit den Angeboten der Konkurrenz auseinander zu setzen. Alle Informationen, die verfügbar und auf legalem Wege zu erreichen sind, müssen gesammelt und in die Überlegungen zur Programm- und Marketingentwicklung einbezogen werden.

2.6   Praktische Umsetzung: Instrumente der Kundenorientierung in sieben Schritten

In diesem Kapitel finden Sie Anregungen, wie das theoretische Konzept zur Kundenorientierung umgesetzt werden kann. Bevor die sieben Schritte ausführlich dargestellt werden, hier die Kundenorientierung im Überblick:

1. Schritt: Die Selbstvergewisserung – Entwicklung eines Leitbildes

2. Schritt: Die Marktanalyse

3. Schritt: Neue Zielgruppen finden

4. Schritt: Ein Dienstleistungsprofil entwickeln

5. Schritt: Einen Maßnahmenplan erstellen

6. Schritt: Maßnahmen der Kundenwerbung durchführen und dokumentieren

7. Schritt: Die Marketingkontrolle

1. Schritt: Die Selbstvergewisserung: Entwicklung eines Leitbildes

Ziel der Selbstvergewisserung soll die Erstellung eines Leitbildes sein. Dieses entsteht im Zusammenwirken der Mitarbeiterinnen mit Führungskräften und Trägervertretern, z. B. im Rahmen eines Workshops (Bostelmann: Metze 2000, 26ff). Folgende Schritte sind denkbar:

- Einführung in das Thema „Leitbild" und die Methodik
  Ein Leitbild enthält die zentralen Werte und Vorstellungen einer Organisation, aus denen heraus sich alle weiteren Konzepte, Strukturen und Programme ergeben. Der Trägervertreter versichert seine Bereitschaft, das Leitbild in einem offenen Dialog zu entwickeln.
- Sammlung der zentralen Werte
  Alle Anwesenden schreiben wichtige Werte auf Kärtchen, die anschließend auf Plakate aufgeklebt werden (Beispiel siehe Abb. 5).
- Ordnen der Ergebnisse nach bestimmten Überschriften
- Vereinbarung über die Weiterarbeit
  Die Ergebnisse werden von einer kleineren Gruppe zu einem Rohkonzept verarbeitet, das in einem weiteren Workshop weiter entwickelt wird. Bei diesem Workshop sollten Vertreter wichtiger Gruppen anwesend sein: Eltern, Gemeindevertreter, Pfarrer etc. Mit ihnen wird die Frage geklärt, was sie erwarten und was die Einrichtung leisten kann. Die zentrale Frage ist dabei: Was können wir Kin-

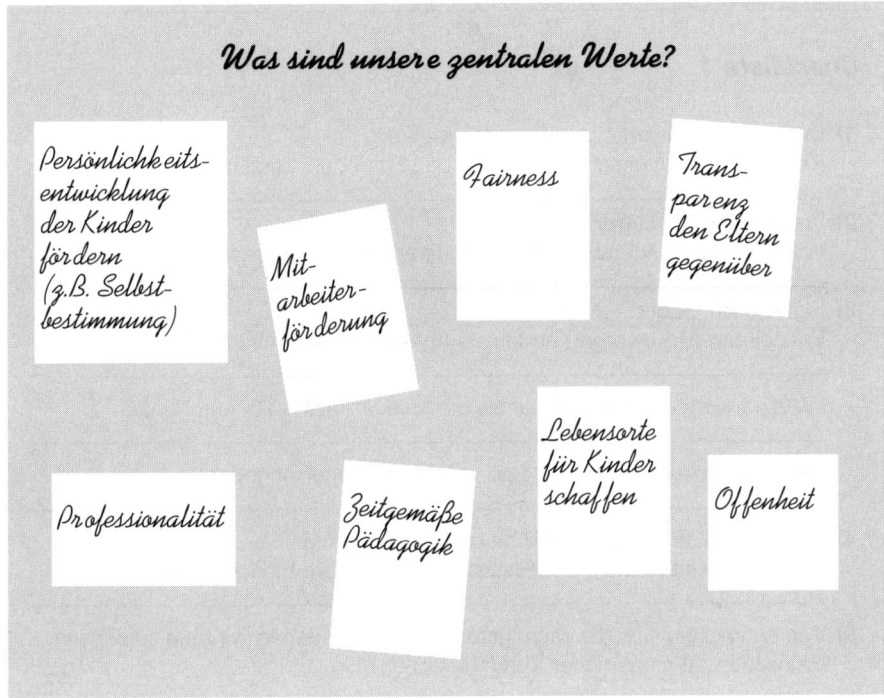

Abb. 5: Zentrale Werte der Einrichtung

dern, Eltern, Mitarbeiterinnen, den Konkurrenten und dem Umfeld versprechen? Daraus können dann die konkreten Verhaltensgrundsätze der Einrichtung entwickelt werden.

- Layout und Druck der Gesamtkonzeption
  Im besten Falle wird das Ergebnis in einem Flyer zusammengefasst, erhält ein professionelles Layout und wird in großer Stückzahl gedruckt.

2. Schritt: Die Marktanalyse

Entscheidend für den Erfolg von Dienstleistungen ist ihre Markttauglichkeit. Kernleistungen müssen dem Standard anderer (Konkurrenten) entsprechen, Zusatzleistungen müssen deutlich in positivem Sinne von Leis-

Checkliste 1

1) Die Wünsche des/der vorhandenen Kunden:
Beschreibt die Wünsche der Kinder und Eltern, die derzeit bei uns sind.

2) Vorhandene Konkurrenten am Markt:
Wie wird der Kundenwunsch von anderen Anbietern erfüllt?

3) Eigenes Angebot:
Was bieten wir unseren Kunden als Antwort auf ihren Wunsch an?

Wo sind wir stark bzw. stärker als die Konkurrenz?

Wo sind Konkurrenten stark bzw. stärker als unser Angebot?

4) Neue Produkte – Wirtschaftliche und soziale Trends:
Wie entwickelt sich die Gesellschaft, in der unsere Einrichtung tätig ist?

5) Wie entwickeln sich die wichtigsten Märkte, auf denen wir tätig sind, nach
Wünschen, Regionen oder Kundengruppen?

6) Können (neue) Kundenwünsche zukünftig auf neuartige Weise befriedigt
werden?

7) Die Konkurrenz und das eigene Unternehmen:
Vergleich der Lösungstechniken unserer Kita mit denen der Konkurrenz
(Preise, Konditionen, Qualität, Service)

8) Neue Ziele:
In welchen Gebieten/Gruppen wollen wir Marktanteile behalten? In welchen
Bereichen wollen wir wachsen (Regionen, Gruppen)?

9) Welche neuen Leistungen brauchen wir für die neuen Gruppen?

10) Konsequenzen aus den Zielen:
Welche Maßnahmen müssen getroffen werden, um die Ziele zu erreichen?
Welche Konsequenzen ergeben sich aus den Maßnahmen?

Checkliste 1: Markttauglichkeit der Produkte

tungen der Konkurrenten abweichen. Eine in Marketing-Fortbildungen entwickelte Checkliste kann eine erste Überlegung im Team anstoßen:

Informationen zur Beantwortung dieser Fragen müssen gründlich erarbeitet werden, z. B. durch:

- Befragungen von Müttern in Mutter-Kind-Gruppen
- Beobachtungen der Leistungsangebote der konkurrierenden Kitas
- telefonische Interviews
- Interpretation der Geburtendaten aus den statistischen Abteilungen der Jugendämter
- Expertenbefragungen (etwa der Mitarbeiterinnen der Jugendämter, der Krippenerzieherinnen, der Lehrerinnen).

Die in Gruppen erarbeiteten Informationen werden sorgfältig in der Checkliste dokumentiert.

3. Schritt: Neue Zielgruppen finden

Aus der Marktanalyse, dem Leitbild und den grundsätzlichen Verhaltensgrundsätzen ergeben sich ein oder mehrere Zielgruppen, die mit der Leistung erreicht werden sollen. Folgende Fragestellungen sind relevant:

Tab. 2: Fragestellungen bei der Suche nach neuen Zielgruppen

Fragestellung	Entscheidungen
1. Zielgruppe Welche Gruppe wollen wir ansprechen?	Berufstätige Eltern und ihre kleinen Kinder (unter 3–jährig)
2. Zielinhalt Welches Ziel verfolgen wir für diese Gruppe?	Optimales Angebot für Kinder, deren Eltern berufstätig sind: Öffnungszeiten, Sprechzeiten, pädagogisches Angebot
3. Botschaft Welche Botschaft wollen wir der Zielgruppe vermitteln?	„Wir geben Ihren Kindern ein Zuhause, auch wenn Sie arbeiten"

Die Informationen werden zusammengetragen, die Ziele sind dann Vereinbarungen im Team. Sie sollten aus dem erarbeiteten Leitbild und den Verhaltensgrundsätzen abgeleitet werden. Im Team werden Zielgruppen gesucht, um auf diese hin in einem weiteren Schritt einzelne Dienstleistungen zuzuordnen (Beispiel siehe Tab. 2).

Ausformuliert und für die Öffentlichkeit aufbereitet liest sich der Zielkatalog der Einrichtung wie folgt: „Wichtig ist uns, dass besonders kleine Kinder (unter 3 Jahren) Selbstständigkeit und Autonomie entwickeln, dass sie ihre Kompetenz entdecken und ihre sozialen Fähigkeiten entwickeln.

Wir entwickeln demokratische Spielregeln im Umgang mit Eltern, wir nehmen ihre Anliegen ernst und respektieren ihre Wünsche, besonders ihren Wunsch auf Vereinbarkeit von Beruf und Familienleben. Wir stärken durch unseren Beitrag die Fähigkeiten berufstätiger Eltern, ihren Kindern eine lebenswerte Umwelt zu bieten. Dem passen wir unsere Strukturen (Öffnungszeiten, Sprechstunden etc.) an.

Im pädagogischen Alltag stellen wir den Bezug zum Umfeld her, wir arbeiten Situationen auf, die für die Kinder schwierig oder belastend sind, wir möchten ihnen das Zuhause geben, in dem sie sich geborgen fühlen.“

4. Schritt: Ein Dienstleistungsprofil entwickeln

Um zu einem Produktprofil zu kommen, muss das gegenwärtige und zukünftig mögliche Leistungsangebot auf die Zielgruppen und die Markttauglichkeit hin überprüft werden. Ausschlaggebend ist, ob mit den bestehenden Dienstleistungen die Ziele erreicht werden können, die sich die Einrichtung gesteckt hat.

Bestehende und künftige Produkte analysieren. Die Informationen über Märkte, eigene Produkte und Konkurrenzverhalten werden zusammengetragen und in einer so genannten Portfolio-Analyse (Hüttner et al. 1994, 97f) verdichtet. In ihr werden gegenwärtige und künftige Marktchancen den gegenwärtigen und zukünftigen Fähigkeiten der Einrichtung gegenübergestellt.

Marktwachstum

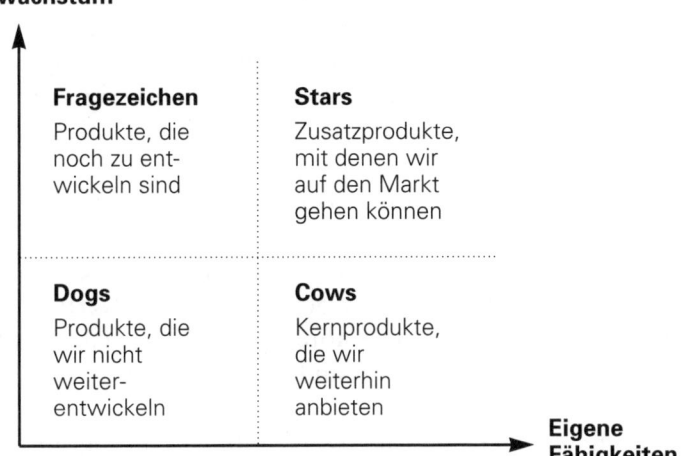

Abb. 6: Portfolio-Analyse

Eine kurze Erläuterung der Portfolio-Analyse (Hüttner et al. 1994, 98f): In die Spalte „Cows" (Milchkühe) gehören alle Kernleistungen, die einerseits das Hauptgeschäft der Kita ausmachen, also vom Markt gut angenommen werden, die andererseits nicht mehr großer Investitionen bedürfen. Cows bieten nicht mehr die Chance, neue Kundenschichten anzusprechen, ihr Marktwachstum ist weitgehend ausgereizt. Cows sind gängige Dienstleistungen, die von vielen nachgefragt und von anderen Anbietern auch angeboten werden (Freispiel, Kernöffnungszeiten Außenanlagen ...).

„Dogs" (arme Hunde) sind Produkte, in denen die Kita nur wenige Kompetenzen hat, gleichzeitig aber die Nachfrage relativ gering ist. Um die Dienstleistung weiter zu entwickeln, müsste stark investiert werden (z.B. interkulturelle Aktivitäten in einem Gebiet ohne großen Ausländeranteil und ohne personelle Kompetenz). Diese Produkte, die häufig nur aus historischen Gründen (von Erzieherinnen aufgebaut, die nicht mehr in der Einrichtung arbeiten und spezielle Kenntnisse in diesem Bereich hatten; früher haben Eltern nach diesen Leistungen gefragt ...) angeboten werden, werden nicht weiter entwickelt, sondern allenfalls auf „Sparflamme" weiter betrieben.

„Fragezeichen" sind Dienstleistungen, die einerseits hohe Nachfrage versprechen, die andererseits erst entwickelt werden müssen. Die Kompetenzen oder Strukturen sind nicht vorhanden, um die Produkte sofort anzubieten. Diese Leistungen sind häufig die Chance von „New-comern", d. h. sie werden von Elterninitiativen angeboten (z. B. Wald-kindergarten, ökologische Ausrichtung, spezifische Pädagogik). Aus diesem Grund sind idealerweise diese Produkte langfristig anzubieten. Das heißt, sie müssen entwickelt werden (z. B. Mehrsprachigkeit, Montessori-Pädagogik). Hierzu bedarf es einer strategischen Investitionsentscheidung. Es kann sich auch um Leistungen handeln, die im Kernbereich noch entwickelt werden müssen.

„Stars" sind Zusatzleistungen, die hohen Erfolg versprechen und die sofort angeboten werden können. Die Stars bilden den Kern zukünftiger Marketing-Aktivitäten. Aus Stars können zukünftige Cows werden. Hilfsfragen für die Portfolio-Analyse sind:

- Sind wir mit dieser Dienstleistung (z. B. Raumgestaltung, Öffnungszeiten, etc.) auf dem Standard anderer Anbieter und werden sie gut angenommen? (Entspricht der Definition der „Cows").
- Wo liegen tatsächliche oder potenzielle Leistungen über dem Standard und können wir etwas besonderes anbieten? (Entspricht der Definition von „Stars")
- Finden sich für unsere Dienstleistungen ausgesprochene Schwachpunkte, die nicht zu beheben sind? (Entspricht den „Dogs")
- Gibt es Dienstleistungen, die wir, weil es Kernleistungen sind, unbedingt entwickeln müssen oder die ein gutes Wachstum versprechen (Entspricht der Definition der Fragezeichen)?

Entscheidungen treffen.   Aus der Analyse der Dienstleistungen ergeben sich Entscheidungsgrundlagen:

- Welche der bisherigen Leistungen wollen wir beibehalten?
- Welche wollen wir nicht mehr anbieten?
- Welche wollen wir neu anbieten?

Selbstverständlich muss an dieser Stelle die Ressourcenfrage gestellt werden. Die Planung des Dienstleistungsangebotes muss einhergehen mit der Ressourcenplanung (siehe Kapitel 5).

5. Schritt: Einen Maßnahmen-Plan erstellen

Jetzt geht es darum, die erarbeiteten Produkte zielgerecht zu „vermarkten". Dazu werden Werbemaßnahmen entwickelt und in konkrete Arbeitspläne umgesetzt. Dabei können zwei Arten von Plänen unterschieden werden: der Marketing-Jahresplan und daraus abgeleitet die Werbeaktionspläne. Aktionspläne gehen aus dem Jahresplan hervor, sie sind dessen Operationalisierung.

Im Marketing-Jahresplan (siehe Beispiel S. 64) werden die strategischen Zielentscheidungen in handhabbare Entscheidungen umgewandelt, d. h. langfristig geplant. Neben den Werbemaßnahmen muss immer wieder auch die Markterforschung mit eingeplant werden.

Die einzelnen Aktionen werden in Aktionsplänen (siehe 6. Schritt) geplant und dokumentiert.

Die Entscheidung über die Ressourcen muss die Leiterin im Rahmen ihrer Budgets und der zur Verfügung stehenden Zeitkontingente der Mitarbeiterinnen treffen.

6. Schritt: Maßnahmen der Kundenwerbung durchführen und dokumentieren

Aktionen werden auf die Zielgruppe orientiert vom Team beschlossen und dann an einzelne oder kleine Gruppen weitergegeben. Diese planen die Aktionen selbstständig, sofern sie nicht die Hilfe des Teams benötigen. Als Beispiel dient eine Aktion, die im verabschiedeten Jahresplan für den Monat Februar beschlossen wurde. Sie entspricht der Zielformulierung, die oben erarbeitet wurde (siehe Tab. 3). Diese einzelnen Maßnahmen werden arbeitsteilig geplant, durchgeführt und dokumentiert.

September 1999	Marketing – Jahresplanung Zusammentragen der Umfeldanalyse Einbeziehen der Zielvereinbarungen Kennenlernaktion für neue Eltern Stammtisch
Oktober 1999	Schwerpunktplanung für 1999/2000 Angebot: Grillen für Mutter-Gruppe Kinderkonferenz Stammtisch
November 1999	Laternenfest: Einladung an Ehemalige und zukünftige „Kunden" Infoabend „Kinder brauchen Regeln" für Eltern von Kindern 0–3 (Artikel für Regionalzeitung) Kinderkonferenz Stammtisch
Dezember 1999	Gemeinsam Advent feiern: zusammen mit Kirchengemeinde und Alleinerziehenden (evtl. Gruppen) (Artikel für Regionalzeitung) Kinderkonferenz Stammtisch speziell für Berufstätige öffnen (Flyer und Brief an Personalabteilungen)
Januar 2000	Zwischenauswertung, evtl. Neuorientierung Infoabend: Spielzeugfreies Kinderzimmer – Utopie oder Realität? (Artikel für Regionalzeitung) Umfeldanalyse: Statistiken besorgen; Interviews Fragebogenaktion in ausgewählten Straßen Stammtisch
Februar 2000	Entscheidung über besondere Werbemaßnahmen Einladung von „Experten" (Krippenerzieherinnen, Lehrerinnen, Pfarrer, Sozialarbeiterinnen) Flyer aktualisieren
März / April 2000	verstärkte Werbeaktionen Tage der offenen Tür Presseeinladung Schnuppertage anbieten Einschreibetage gestalten
Mai 2000	Überprüfung der Produkte aufgrund der Neuanmeldungen Gottesdienst mit Gemeinde
Juni 2000	Fortbildungsveranstaltung (zusammen mit anderen Kitas): Trends, Entwicklungen, Probleme der Familien Elternbefragung durchführen
Juli 2000	Jahresreflexion: Auswertung der Ergebnisse der Marketing-Maßnahmen Überprüfung des Angebots (Portfolio Analyse)

Tab. 3: Maßnahmenplan der Kundenwerbung

Entscheidungen	Fragestellung
1. Zielgruppe	Berufstätige Eltern kleiner Kinder (unter 3-jährig)
2. Zielinhalt	Optimales Angebot für Eltern, die berufstätig sind betrifft: Öffnungszeiten Sprechzeiten pädagogisches Angebot
3. Botschaft	„Wir geben Ihren Kindern ein Zuhause, auch wenn Sie arbeiten"
4. Werbeträger	▪ Flyer für Personalabteilung großer Firmen ▪ Elternfrühstück ▪ Infoabend
5. Ressourcen	Ressourcen (Geld, Zeit) werden bereitgestellt: ▪ Druckkosten ▪ Bewirtungskosten ▪ Zeitbudgets (Absprache mit Leiterin)
6. Dokumentation	Die einzelnen Maßnahmen werden geplant, Planung und Durchführung dokumentiert

7. Schritt: Die Marketingkontrolle

Aufgabe der Leitung ist es, den Überblick über die Planung zu behalten und die Einhaltung der Pläne zu gewährleisten. Bei ihr laufen die Dokumentationen zusammen, sie koordiniert die Aktivitäten, u.a. dadurch, dass sie den Stand der Planung auf die Tagesordnung der Teamsitzungen setzt. Die Effektivität der Aktionsformen eines ablaufenden Kitajahres sollte das Team auf jeden Fall auswerten, bevor ein neuer Jahresplan erstellt wird.

Eine besondere Form der Marketingkontrolle ist die Elternbefragung, die möglichst einmal jährlich durchgeführt werden sollte. Nachdem schon sehr viele solcher Fragebögen vorliegen (Wehrmann, Abel 2000, 168ff), soll hier lediglich ein derzeit in der Betriebswirtschaft gän-

Planung und Dokumentation von Aktivitäten		
7.–8. Kalenderwoche		
Ziel/Zielgruppe: Berufstätige Eltern sollen mit der Einrichtung vertraut gemacht werden		
Aktivität	**verantwortlich**	**durchgeführt / Ergebnis**
Kennenlernaktion für Eltern: Elternfrühstück für Eltern, deren Kinder im September in die Kita kommen	Elke (Hilde und Bettina machen mit)	Samstag Vormittag Rückmeldung der Eltern positiv; Frau Müller würde nächstes Mal mit vorbereiten
Kita neuen Eltern bekannt machen	Heike	zum Infoabend 25 berufstätige Eltern eingeladen; 4 neue Eltern gekommen
Flyer-Verteilung	Leitung	Flyer (liegt seit der 4. KW gedruckt vor) wird an Verteiler gesendet und ausgelegt

Abb. 8: Planung und Dokumentation von Aktivitäten

giges Modell der Qualitätsmessungen von Dienstleistungen dargestellt werden. Zur Messung der subjektiv von Eltern wahrgenommenen Dienstleistungsqualität empfiehlt sich das SERVQUAL-Modell, das in Kliniken entwickelt wurde, sich aber generell für die Qualitätsmessung aller Dienstleistungen eignet (Parasuraman et al. 1988). Das SERV-QUAL-Modell geht davon aus, dass folgende vier Teilleistungen abgefragt werden sollen:

„Tangibles" (materielle, technische, Ausstattung)
- Zufriedenheit mit den Räumlichkeiten (Größe, Rückzugsmöglichkeiten, Anregung für Sinne)
- Sanitäre Anlagen
- Ausstattung der Räume (Spielmaterial, Außenflächen)
- Essen (Qualität, Auswahlmöglichkeiten, Schmackhaftigkeit)

„Responsivness" (Bereitschaft, den Kunden bei der Inanspruchnahme der Leistung zu unterstützen)
- Zeit der Leiterin für Probleme der Eltern
- Zeit der Erzieherinnen für Eltern und Kinder
- Wartezeiten (Gestaltung der Bring- und Abholphase der Kinder)

„Assurance" (Kompetenz und Dienstleistungsbereitschaft)
- Freundlichkeit (Leiterin, Erzieherinnen, sonstiges Personal)
- Fachlichkeit (Umgang mit Kindern, Kompetenz bei besonderen Angeboten, z. B. sprachtherapeutische)
- Erfolgsbeurteilung (Wurden die Elternwünsche umgesetzt?)
- Informationsverhalten (Beratung der Eltern, Rückmeldung über Entwicklungsstand der Kinder)
- Akzeptanz bestimmter Angebote (Kern- und Zusatzleistungen)

„Empathy" (Einfühlungsvermögen; Bereitschaft auf Kundenwünsche einzugehen)
- Einbeziehung in die Gestaltung der Programme
- Beurteilung der Elternarbeit (Elternabende, Elternzeitung)
- Zufriedenheit mit Öffnungszeiten (Welche Öffnungszeiten wünschen sich die Eltern?)

Damit die Befragung zukünftig klarer auf Elternwünsche eingehen kann, ist es sinnvoll, die Werte und Erziehungsziele der Eltern abzufragen. Hilfreich ist eine empirisch abgesicherte Werteskala, die für die Erforschung von Erziehungszielen angewandt wird. Man unterscheidet zwischen Kontrollwerten und Selbstentfaltungswerten, die wiederum weiter differenziert werden können. Aus der nachfolgenden Liste (Rosenstiel et al. 1987, 2) sollen die Eltern die wichtigsten fünf Werte auswählen und anschließend gewichten (1 = ist mir sehr wichtig, 2 = ist mir wichtig etc.)

Disziplin	Emanzipation
Gehorsam	Gleichbehandlung
Abwechslung	Gleichheit
Treue	Mitbestimmung
Selbstverwirklichung	Eigenständigkeit
Teilen können	Ausleben emotionaler Bedürf-
Unterordnung	nisse
Fleiß	Religiosität
Bescheidenheit	Abenteuer
Nächstenliebe	

Führung und Leitung: Der Weg zur strukturierten Personalarbeit

3.1   Reden statt führen?

„Kann denn Leiten Sünde sein …?" überschreibt eine Trainerin für Führungskräfte sozialer Einrichtungen ihren Leitfaden einer Fortbildungsreihe (Jakubeit 2000). Sie beschreibt mit diesem Titel treffend das Dilemma, das Fortbildner und Organisationsentwickler seit Jahren in sozialen Einrichtungen feststellen: Es fehlen geeignete Führungskräfte, die in der Lage sind, die fachliche Kompetenz mit Führungsqualitäten zu verbinden. Die Folge war in den vergangenen Jahren, Leitungsstellen mit Fachfremden zu besetzen, damit die hierarchischen Spitzen „funktionieren" (Frank et al. 1994, 61ff). Erstaunlich ist jedenfalls, dass Führungskräfte der Sozialen Arbeit Widerstand vor allem aus den eigenen Reihen zu erwarten haben, wie eine Untersuchung von Kurze (1998) unter Bewährungshelfern zeigt. Möglicherweise ist einer der Gründe ein gestörtes Verhältnis der Mitarbeiterinnen sozialer Berufe zur Macht (Jakubeit 2000, 3), möglich ist auch, dass Angst vor Kontrolle (Frank et al. 1994, 101) ein Ausschlag gebender Faktor ist. Meine Vermutung geht in eine andere Richtung: Zum einen, meine ich, fehlt es an strukturellen Absicherungen des Führungshandelns, zum anderen an konkreten Führungstrainings. Über den strukturellen Mangel wird auch in der so genannten Managementliteratur sozialer Einrichtungen berichtet. Eines der wohl hartnäckigsten Dogmen der Sozialen Arbeit überhaupt ist, dass alle Führungsprobleme auf der Beziehungsebene zu lösen sind. In einem Managementbuch für Leiterinnen liest sich das so: „Unangenehme Entscheidungen durchzusetzen erfordert Beharrungsvermögen und Fähigkeit, Spannungen auszuhalten, zumal eine Leiterin im Kindergarten kaum über Sanktionen verfügt, mit denen sie anhaltendem Widerstand begegnen kann. (…) Bei den meisten Entscheidungen (…) wird die Leiterin versuchen, die Zustimmung der Mehrheit durch Diskutieren und Erörtern herbeizuführen. ‚Ausdiskutieren' bezeichnet einen Einigungsprozess, der bei vielen der so genannten Naturvölker praktiziert wird: Es wird im Kreis der Anführer so lange über ein Problem geredet, bis jeder Teilnehmende der gemeinsamen Entscheidung zustimmt." (Künkel, Watermann 1997, 79)

Wie ein Führungsprozess unter diesen Vorzeichen aussehen soll, lässt sich erahnen: Ausdiskutieren von Entscheidungen bis zum Umfallen, um dann wieder von vorne zu beginnen, wenn jemand sich nicht daran halten will? Nicht nur in der Sozialen Arbeit ist das der sicherste Weg, Effizienz und damit Qualität zu verhindern.

Im Gegensatz zu einer solchen Haltung bedarf es einer Verbesserung der strukturellen Absicherung der Leitungsaufgabe von Leiterinnen im Sinne der wiederholt dargestellten Rolle der Leiterin als Geschäftsführerin des Kita-Unternehmens. Sie muss Entscheidungen durchsetzen können, auch wenn sie unpopulär sind und ohne dass diese (durchaus im konsensualen Verfahren getroffenen) Entscheidungen stets von neuem in Frage gestellt werden können.

Allerdings heißt es dann, Abschied zu nehmen von der Vorstellung, eine Leitungsaufgabe in einer sozialen Einrichtung sei die Fortsetzung der Sozialarbeit mit anderen Mitteln. Mitarbeiterinnen sind keine Klientinnen, sie sollen geführt und gefördert, aber auch kontrolliert und nötigenfalls zur Leistung ermahnt werden. Es muss möglich sein, sich von Personal, das diesen Kurs nicht mitgehen will oder kann, zu trennen. Dazu braucht es weniger unendliche Diskussionen (die oft genug nur die Entscheidungsunfähigkeit widerspiegeln), sondern vielmehr eine Mischung aus strukturellen Voraussetzungen (z. B. Personalkompetenz), einem Führungsinstrumentarium (z. B. Führung durch Zielvereinbarung) und qualifiziertem Führungsverhalten, das sich nur durch kontinuierliche Personalentwicklung gewährleisten lässt. Im Übrigen gilt das, was in einem Führungshandbuch aus der Industrie zu lesen ist (Refa-Verband 1995, 105): „Rationalität und Emotionalität (sind) keine Widersprüche. Das Gegenteil von sachlich ist unsachlich und nicht emotional, wie oft zu hören ist." Aus diesem Grund ist die in sozialen Organisationen häufig zu hörende Klage, durch eine konsequente Personalführung werde Spontaneität und Kreativität gemindert, irrig. Eine gute Personalführung fördert Rationalität (messbare Ziele, geeignete Methoden, Ergebniskontrolle) ebenso wie Emotionalität (Kommunikation, Vertrauen, Begeisterung). Sie tut dies allerdings zielbezogen auf die Aufgaben der Organisation. Eine moderne Führungslehre in sozialen Unternehmen, also auch Kindertagesstätten, hat drei zentrale Elemente:

- Führungsstruktur
- Führungsverhalten und
- Führungsleitlinien.

Führungsstruktur und Führungsverhalten sollen geprägt werden von Führungsleitlinien, d. h. von der Entscheidung der Organisation darüber, wie eine Organisation ihre Strukturen und das Verhalten ihrer Führungskräfte gestaltet wissen will. Natürlich müssen Führungsrichtlinien mit der Struktur zusammen passen, und das Führungsverhalten muss sich an beidem ausrichten.

Für ein lernendes Dienstleistungsunternehmen, das den im ersten Kapitel entwickelten Anforderungen entsprechen will, eignen sich grundsätzlich nur auf Kooperation basierende Führungsleitlinien. Ihre Philosophie lässt sich mit folgenden Charakteristika kennzeichnen (Walter 1998, 275):

- Einbeziehung der Mitarbeiterinnen in betriebliche Entscheidungen und in das Unternehmensgeschehen
- Mitarbeiterinnen werden in ihrer beruflichen Entwicklung gefördert
- Möglichkeit zur Entfaltung der Persönlichkeit der Mitarbeiterinnen werden gezielt gesucht
- Führungskräfte ermutigen Mitarbeiterinnen zur Verbesserung ihrer Leistungen
- Es besteht eine gemeinsame Form der Kontrolle
- Führungskraft kann nur werden, wer über eine hohe soziale und fachliche Kompetenz verfügt
- Statt ständiger Anweisungen im Detail werden Zielvereinbarungen getroffen.

Solche Führungsleitlinien legen strukturelle Konsequenzen nahe:

- eine Dezentralisierung von Aufgaben und Kompetenzen
- eine systematisierte Personalentwicklung
- ein Führungsinstrumentarium, etwa „Führung durch Zielvereinbarung".

Für das Führungsverhalten bedeutet dieser Führungsgrundsatz (Lotmar, Tondeur 1993):

- Eine Führungskraft muss Menschen und Fähigkeiten aktivieren.

■ Eine Führungskraft muss die Kommunikation unter den Mitarbeiterinnen verbessern.

■ Eine Führungskraft muss mit Werten und Leitbildern motivieren.

3.2 Strukturelle Voraussetzungen für sinnvolle Führungstätigkeit

Grundlage für eine sinnvolle Personalführung in einem Kita-Unternehmen ist die Delegation der vollen Personalverantwortung auf die Leiterin einer Kita. Dies setzt eine klare Zuschreibung von Kompetenzen voraus. Nur mit den Führungsinstrumentarien können erarbeitete Qualitätsstandards auch kontrolliert und nötigenfalls durchgesetzt werden. Dazu gehört die vom Träger strukturell abgesicherte Verlagerung der Dienst- und Fachaufsicht auf die Ebene der Leiterin, ebenso die Verantwortung für die Einstellung und Bewertung des Personals. Die in Tabelle 4 aufgelisteten Kompetenzen sollten in einem Kindergarten für alle Beschäftigten transparent definiert und schriftlich auf die Leiterin delegiert werden (Klug 2000b)

Tab. 4: Kompetenzen der Leiterin

Personalkompetenz	Budgetkompetenz	Organisationskompetenz
Personaleinstellung Personalführung Personalentwicklung Personalkontrolle (z. B. in Konfliktfällen) Personaleinsatz	Verwendung von Budgets Verfahren zur Erstellung von Haushaltsplänen Kontrolle von Budgets	Öffentlichkeitsarbeit Planungskompetenz Teamführung Qualitätsverantwortung

Um diese Kompetenzen bei einer Leiterin zu finden, müssen sie in Stellenbeschreibungen verankert werden. Stellenbeschreibungen legen den Umfang der Entscheidungsbefugnisse fest, nennen die vorgesetzten und nachgeordneten Stellen, spezifizieren Rechte und Pflichten (Kieser, Kubicek 1978, 140). Die Vorteile von Stellenbeschreibungen liegen auf der Hand (Staehle 1987, 440):

■ Stabilisierung der Verhaltenserwartung durch formalisierte Rollenvorgabe

- Objektivierung von Handlungen und Reduzierung des individuellen Handlungsrisikos
- Reduzierung der direkten persönlichen Eingriffe des Vorgesetzten auf Ausnahmesituationen
- Autonomie des Stelleninhabers
- Abbau von Willkür personaler Anweisungen
- Erleichterung von Einstellung, Versetzung, Beurteilung

Die dezentralen Einheiten werden im Sinne des Gesamtunternehmens gesteuert durch Personalführung und Controlling des Trägers gegenüber seiner Leiterin.

3.3   Führen mit Zielen

Als Führungsinstrumentarium bietet sich, gemäß der TQM-Philosophie, „Führung durch Zielvereinbarung (FdZ)" (Bühner 1995) an. Töpfer und Mehdorn (1984, 151) schreiben dazu (sie bezeichnen FdZ mit dem englischen Originalnamen „Management by Objectives") (MbO):

„Wenn MbO in manchen Unternehmen noch nicht realisiert ist, wird es unbedingt einzuführen sein. Bezogen auf die Kontrolle wird die Selbstkontrolle eine hohe Bedeutung neben der Fremdkontrolle durch den Vorgesetzten einnehmen." Um dies zu erreichen, geht das FdZ-Konzept von folgender Verfahrensweise aus:

- Ziele werden zwischen Führungskraft und Mitarbeiterin kooperativ vereinbart. Es können Markt-, Qualitäts-, Kosten-, Personalziele vereinbart werden. Mindestens einmal im Jahr soll ein Zielvereinbarungsgespräch stattfinden.
- Maßnahmen, um die Ziele zu erreichen, werden so weit als möglich der Mitarbeiterin überlassen. Dies führt zu Selbstverantwortung und Kreativität der Mitarbeiterinnen.
- Kontrolliert werden die Ergebnisse, deshalb müssen die Ziele so formuliert werden, dass ein positives oder negatives Ergebnis abgelesen werden kann.

Sinnvoll eingesetzt werden kann das FdZ-System, wenn auf allen Unternehmensebenen Ziele entwickelt werden, die in den Zielvereinbarungsgesprächen kommuniziert und harmonisiert werden müssen (Refa 1995, 105).

Zielbildung

Was sind Ziele? Was sind Maßnahmen?

Ziele sind die exakte Beschreibung eines zu erwartenden Ergebnisses oder eines gewünschten Zustandes zu einem festgelegten Zeitpunkt.
Maßnahmen sind Handlungen, Aktivitäten etc., die helfen, ein Ziel zu erreichen.

Ist-Zustand ————— **Maßnahmen** ——————▶ **Ziel**

Wie formuliere ich realistische Ziele?

Vorbereitung: Welche Ziele habe ich für das nächste Jahr in Bezug auf
Kunden – Mitarbeiter – Ressourcen – Qualität

- Es werden nicht mehr als 3–7 Ziele ins Auge gefaßt
- Es wird festgelegt, wann die Ziele als erreicht gelten
- Die Maßnahmen zur Zielerreichung werden dem Mitarbeiter weitgehend selbst überlassen, überprüft werden die Ziele
- Unternehmensziele und persönliche Ziele sollen weitgehend durch Vereinbarung in Einklang gebracht werden. Dort wo es keinen Spielraum gibt, macht die Führungskraft dies deutlich.
- Ziele sollen so formuliert sein, daß der Mitarbeiter selbst beurteilen kann, ob er sich dem Ziel nähert oder nicht.

Zielarten

Inhaltsziele

- Anpassungsziele (Anpassen an das Normalergebnis)
- Erhaltungsziele (Leistungsfähigkeit erhalten …)
- Optimierungsziele (Kundenzufriedenheit optimieren)
- Innovationsziele (Ansprechen neuer Themen, neuer Zielgruppen …)

Zeitorientierte Ziele

- Dauerziele sind die Ziele, die zur Überlebensbedingung der Organisation gehören.
- Periodenziele sind in einer bestimmten Zeitperiode (z. B. innerhalb eines Jahres) anzustrebende Ziele (z. B. Projekte)
- Kurzfristige Ziele sind Ziele, die sich aus der Notwendigkeit kurzfristiger Anpassung ergeben.

Abb. 9: Ziel-Bildung

„Führung durch Zielvereinbarung" (FdZ) als Führungstechnik beruht auf der Grundannahme, dass man ein gesetztes Ziel umso eher erreicht,

- je genauer man weiß, was man erzielen will
- je stärker man sich mit diesem Ziel identifiziert
- je genauer man seinen Fortschritt zu diesem Ziel messen kann (Ulrich, Fluri 1995, 244).

Der „kritische Punkt" dabei ist die Formulierung und Operationalisierung von Zielen. Sinnvollerweise ist zunächst zwischen Träger-, einrichtungsspezifischen und persönlichen Zielen zu unterschieden. Zu der praktischen Durchführung des FdZ kann sowohl ein „Top down"-Verfahren angewendet werden, indem Trägerziele nach unten „heruntergebrochen" werden, als auch ein „Bottom up"-Verfahren, das vorzieht, Ziele im Team zu erarbeiten und mit den hierarchisch höheren Ziele zu synchronisieren. Das „Gegenstromverfahren" bringt beides zusammen.

Trägerziele sind einrichtungsübergreifende Ziele. Diese können sich beispielsweise auf das anzustrebende Qualitätsniveau beziehen, auf die Marktstellung, auf die Grundlage bestimmter zu verwirklichender Werte (z. B. Familienförderung, besondere Hinwendung zu sozial Schwachen etc.). Sie sind schriftlich zu formulieren. In den Zielvereinbarungsgesprächen werden sie auf die jeweilige Einrichtung heruntergebrochen („Was heißt das strategische Ziel des Trägers für die Einrichtung XY im Jahre 2000?").

Einrichtungsspezifische Ziele werden in der Regel vom Team einer Kita erarbeitet und von der Leiterin im Gespräch mit dem Trägervertreter kommuniziert. Hier geht es um die konkrete Weiterentwicklung einer Kita (z. B. „Wir wollen die Zustimmung der Eltern im nächsten Jahr signifikant erhöhen"). Führung durch Zielvereinbarung setzt eine Übersetzung der strategischen Ziele in verschiedene Unterziele der einzelnen Kita voraus, die der hierarchischen Verbreiterung der Organisation von oben nach unten entspricht. Durch die Erfüllung der Teilziele werden die strategischen Gesamtziele erfüllt. Die Operationalisierung in handhabbare Unterziele geschieht ebenfalls in der Kita, damit ihre Vereinbarung verbindlich und ihre Erreichung kontrollierbar sein kann.

Persönliche Ziele beziehen sich auf den persönlichen Weiterentwicklungsbedarf sowohl der Leiterin als auch ihrer Mitarbeiterinnen. Sie wollen sich in persönlicher und fachlicher Hinsicht qualifizieren, und dies bedarf einer Abstimmung mit den Zielen der Einrichtung und des

Trägers. Insbesondere soll die Frage nach möglichem Führungsnachwuchs Platz haben in den Zielvereinbarungsgesprächen zwischen Träger und Leiterin. (Der ideale Ablauf eines Führungszyklus wird in Kapitel 3.6 genauer beschrieben.)

Eine wichtige Voraussetzung haben wir schon genannt, sie muss aber noch einmal wiederholt werden: „Zielvorgaben werden unterlaufen, wenn sie nicht im Konsens zwischen Führungskraft und Mitarbeiter entwickelt werden." (Wolter 2000, 42) Das System Führung durch Zielvereinbarung wird erst dann effizient, wenn neben den formell vereinbarten Zielen eine fördernde Unternehmenskultur herrscht, bei der die Unternehmenswerte von den Führungskräften und Mitarbeiterinnen verinnerlicht wurden. Meier (1998, 57) schreibt zu Recht, dass das Führungsinstrumentarium in vielen Fällen in eine Sackgasse geführt hat, weil es lediglich formal neue Elemente eingeführt hat, ohne das Führungsverständnis des Leitungspersonals zu verändern. Wenn ein Träger FdZ einführt, selber aber in autoritärer Weise in das Geschehen seiner Kitas hinein dirigiert (oder hinein dirigieren lässt), wird das beste Führungsinstrument zur Farce. Aber, so wie alles, hat auch der Vereinbarungscharakter Grenzen. Natürlich wird es neben der „Vereinbarung" auch „Vorgaben" (Meier 1998, 160) geben, die allerdings als solche von der Führungskraft benannt werden müssen. Man geht davon aus, dass 80–90% vereinbart werden können, bei den restlichen 10–20% allerdings, so zitiert Meier (1998, 159) den Industriellen Warren Avis, „müssen Sie Kapitän bleiben."

3.4   Führungsverhalten im Kita-Unternehmen

Neben der Struktur und den Führungsleitlinien bestimmt das Führungsverhalten der Leitungskräfte den Arbeitsalltag der Mitarbeiterinnen.

Wenn über „Führungsverhalten" gesprochen wird, begegnen uns bis zum heutigen Tag traditionelle Führungslehren. Diese beschäftigen sich häufig mit Kurt Lewins Konzept der „Führungsstile". Ein autoritärer Führungsstil lässt beispielsweise unter Verweis auf die Positionsautorität keine Partizipation zu, während die Leitungskraft mit einem „demokratischen" Führungsstil zur Mitbestimmung ermutigt, nicht selbst entscheidet, aber auch nicht beurteilt oder verwirft. Eine solche Führungslehre, die Lewin aus Erfahrungen mit Kindern abgeleitet hat, müssen wir heute zurecht als „eindimensional" zurückweisen (Ulrich,

Fluri 1995, 222). Sie entspricht nicht der Komplexität der zu bewältigenden Führungsaufgaben. Es genügt eben nicht, einen Führungsstil zu „beherrschen", um als Führungskraft bestehen zu können. Ebenso eindimensional sind Konzepte, die suggerieren, Führung sei hauptsächlich ein gruppendynamischer und individualpsychologischer Prozess – ein ebenso häufig anzutreffendes wie unzureichendes Führungsmodell. Es mag sein, dass es in der Vergangenheit ausgereicht hat, Mitarbeiterinnen zu unangenehmen Entscheidungen zu „überreden", in Zeiten existenzieller Probleme muss es aber auch möglich sein, Entscheidungen (z. B. Budgetentscheidungen) gegen den Willen einzelner Mitarbeiterinnen durchzusetzen, ohne sich als „Machiavelli" bezeichnen lassen zu müssen (Künkel, Watermann, 1997, 79). Eindimensionale Führungslehren sind dafür verantwortlich, dass in sehr vielen Kitas die Aufgaben der Leiterinnen in keinem Verhältnis zu ihren Kompetenzen stehen. Konkret: Sie haben Personal zu führen ohne die Kompetenz, es führen zu dürfen. Es kann nicht die Aufgabe eines Managementkonzeptes sein, diese unhaltbare Situation auch noch theoretisch zu untermauern.

Vielmehr müssen wir unterscheiden zwischen dem personalen Führungsvorgang und der strukturell festgelegten Leitungskompetenz, die wir bereits dargestellt haben. Mit diesen beiden Mitteln, der strukturellen Leitungskompetenz und der personenbezogenen Führungstätigkeit, sind eine Reihe von sehr differenzierten Aufgaben zu bewältigen (Decker 1992, 25). Im „lernenden Kita-Unternehmen" kommt es darauf an, dass Führungskräfte eine Lernkultur fördern, die es Mitarbeiterinnen ermöglicht, ihre eigenen Fähigkeiten auszubauen. Selbstentwicklung und selbstreflexives Verhalten stehen dabei im engen Zusammenhang mit der von der klassischen Gruppendynamik immer geforderten Wahrnehmung der Zwänge der anderen. Damit gibt es prinzipiell keinen Widerspruch zwischen der durch die Führungskraft zu unterstützende Selbstentwicklung und der Entwicklung der Unternehmensziele, sofern beides konsequent im Auge behalten wird (Becker 1999, 36). In der Person der Kita-Leiterin verbinden sich die personalen Mittel wie Kommunikations-, Förderung- und Lernfähigkeit mit den strukturellen Mitteln, wie den Möglichkeiten des Arbeitsrechts, der Budget- und Personalkompetenz, der Befugnis, Entscheidungen treffen zu dürfen. Bezogen sind die verschiedenen Mittel auf die beiden grundlegenden Aufgaben der Leiterin, die sich grob in den beiden Zielen, dem „Aufgabenziel" und dem „Mitarbeiterziel" zusammenfassen lassen (Ulrich, Fluri 1995, 226). Die Aufgabendimension steht unter dem Anspruch, die Ziele der Organisation, Kundenorientierung (Kinderbetreuung, Elternarbeit etc.)

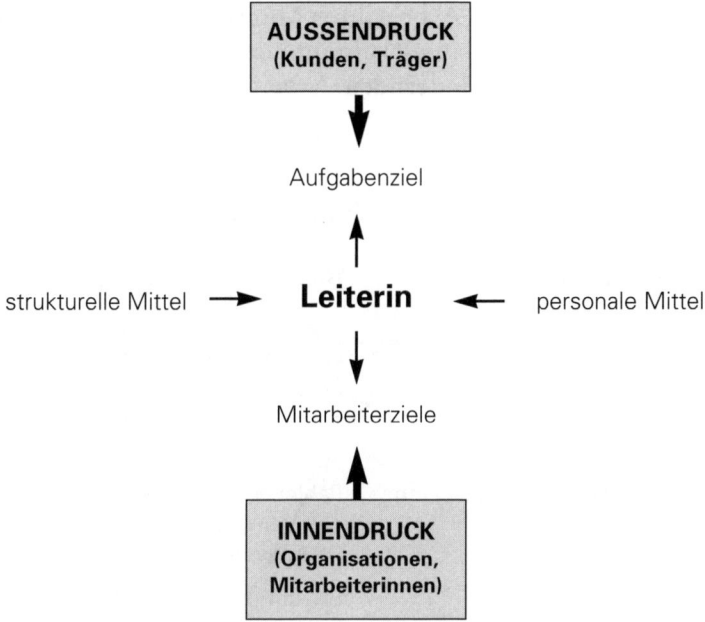

Abb. 10: Aufgaben und Mittel der Leiterin

möglichst den Bedürfnissen und Wünschen der Kunden entsprechend zu gestalten. Die Mitarbeiterdimension hingegen fordert, durch offene Kommunikation und Vertrauen zu den Mitarbeiterinnen Gruppenintegration zu stärken, d. h. die Mitarbeiterinnen zu einem „Team" zusammenzuschweißen, so dass sie ihre Aufgabe bestmöglich wahrnehmen können.

Die Leiterin hat also im lernenden Kita-Unternehmen die Aufgabe, aber auch die Möglichkeit, je nach Anforderung aus der Umwelt (Kunden) oder der Innenwelt (Organisation) strukturelle und personale Mittel zu einer möglichst hohen Effektivität zu kombinieren (siehe Abb. 9).

Noch eine Bemerkung zu den personalen Mitteln, die der Leiterin zur Verfügung stehen sollten: Eine der zentralen Fähigkeiten der Leiterin besteht darin, die Arbeitsplätze zu „Lernorten" zu gestalten. „Die Qualität der Arbeit des einzelnen hängt nicht nur von ihren Fähigkeiten und ihrer Arbeitsmotivation ab, sondern auch von den äußeren Rahmenbedingungen. Für Qualitätsmanagement ist es deshalb unerlässlich, dass die Führungskräfte sehr genau darauf achten, wie förderlich oder hinderlich die vorliegenden organisatorischen Rahmenbedingungen für eine qualitativ hochwertige Arbeit ihrer Mitarbeiterinnen sind und ggf. Verbesserungsmaßnahmen entwickeln und durchsetzen" (Geißler 1998, 94). Zu fördernden oder hindernden Arbeitsbedingungen zählen u. a. folgende Faktoren:

Tab. 5: Fördernde und hindernde Arbeitsbedingungen

Fördernde Bedingungen	Hindernde Bedingungen
Erfolgserlebnisse Leistungserlebnisse Selbstbestätigung Problemlösung Zielerreichung	Misserfolgserlebnisse keine Rückmeldung für Folgen eigenen Handelns sich in der Arbeit nicht wieder finden
Anerkennung durch den Vorgesetzten konstruktive Kritik	Fehlende Anerkennung durch den Vorgesetzten voreilige und übertriebene Kritik
Abwechslungsreiche Arbeit	Bevormundung, keine Entscheidungsspielräume
Guter Kontakt zu Kollegen, Verständnis gutes Betriebsklima	Streitereien, Rivalität, Cliquenbildung schlechtes Betriebsklima

Natürlich ist die Leiterin nicht allein verantwortlich für diese Faktoren. Doch ihre Informationskompetenz, ihr Willen zur Anerkennung der Mitarbeiterinnen und ihre Fähigkeit zu Nähe und Distanz setzen Maßstäbe.

Eine der wichtigsten Möglichkeiten und Potenziale hat die Leiterin in ihrer Fähigkeit zur Motivation durch Visionen. „Wenn du ein Schiff bauen willst", sagte Antoine de Saint Exúpery einmal, „dann trommle nicht Männer zusammen, um Holz zu beschaffen, Aufgaben zu vergeben und Arbeit zu verteilen. Lehre sie die Sehnsucht nach dem weiten, endlosen Meer." Im lernenden Kita-Unternehmen ist die Vision das beste Mittel, Mitarbeiterinnen zu führen: Wenn es der Leiterin gelingt, mit ihren Mitarbeiterinnen zusammen eine Vision zu entwickeln, wie man in ihrer konkreten Kita die Arbeit zum Besten der Kinder und Eltern gestaltet, erzeugt dies die Lust zur Arbeit, die keine Anweisung erzeugen kann (Meier 1998, 74).

Nichtsdestotrotz: Die personalen Führungsfähigkeiten sind theoretisch nur unzureichend zu erwerben, sie müssen trainiert werden.

Das Training dieser Fähigkeiten muss Teil des Personalentwicklungskonzeptes für Leiterinnen sein.

3.5 Schritte zum Personalmanagement

Meist sind die Methoden des Personalmanagements in den Kitas unzureichend. Deshalb muss das theoretisch erarbeitete schrittweise in die Wirklichkeit übersetzt werden. Zur Überprüfung der Funktionalität der Leitungsstruktur haben sich folgende Übungen bewährt.

1. Schritt. Was ist der nötige Kompetenzbedarf einer Leiterin? Zunächst sind die strukturellen Kompetenzen gelistet, wir nennen sie Leitungskompetenzen, anschließend die persönlichen Kompetenzen der Leiterin, hier Führungskompetenzen genannt.

Leitungskompetenz d. h. die erforderlichen strukturellen Kompetenzen
* Personalkompetenz: Dienst- und Fachaufsicht
* Planungskompetenz: Entscheidungsgewalt über Planungen
* Organisationskompetenz: Befugnis zur Organisation bestimmter Aufgaben
* Finanzkompetenz: Befugnis zur Verwendung und Kontrolle von Geld

Führungskompetenz d. h. die erforderlichen persönlichen Kompetenzen
* Förderungsbereitschaft
* Motivationsfähigkeit
* Kommunikationsfähigkeit
* Informationskompetenz
* Willen zur Anerkennung der Mitarbeiterinnen
* Fähigkeit zu Nähe und Distanz

2. Schritt. Bestimmen Sie die Aufgaben der Leiterin! Orientieren Sie sich dabei an den drei Aufgabenbereichen: Personalführung, Budgetverwaltung, Planungs- und Organisationsaufgaben. Hilfreich kann auch sein, das Anforderungsprofil der Leiterin durchzusehen (siehe dazu Kapitel 3.7.)

3. Schritt. Bestimmen Sie das Verhältnis der Kompetenzen zu den Aufgaben der Leiterin! Im Idealfall gibt es für jede Aufgabe die entsprechende Kompetenz. Überprüfen Sie, ob die Aufgaben und Befugnisse der Leiterin schriftlich festgelegt sind. Wenn die Leiterin die Kompetenzen nicht hat, wer hat sie dann? Was stellen Sie fest? Gibt es zu jeder zu erfüllenden Aufgabe eine entsprechende Kompetenz der Leiterin?

4. Schritt.   Bestimmen Sie das Maß der Kompetenzen, die die Leiterin Ihrer Kita haben muss. Leitend für diese Bestimmung sollte sein:

- Möglichst viele Aufgaben und Kompetenzen sollen an die Leiterin delegiert werden.
- Alle Aufgaben und Kompetenzen müssen konkret zugeordnet werden. Wenn die Leiterin sie nicht übernehmen soll, muss sie der Träger selbst übernehmen.
- Zu jeder Aufgabe, die an die Leiterin delegiert wird, bedarf es der nötigen Kompetenz.

5. Schritt.   Erstellen von Strukturdiagrammen für die einzelnen Kompetenzen. Wenn die Kompetenzen abgegrenzt sind, können konkrete Arbeitsabläufe skizziert werden: Wer macht was bei einer Personaleinstellung, bei einer Abmahnung, bei einer Anfrage der Presse? Die Abläufe inklusive der nötigen Schnittstellen können in einem Strukturdiagramm festgelegt werden. Als Beispiel soll hier die Anstellung einer Erzieherin dargestellt werden (siehe Abb. 11, die Schnittstellen verweisen auf weitere vorhandene Ablaufpläne.)

Auf diese Weise müssen für wichtige, immer wiederkehrende Abläufe Ablaufpläne in Form von Strukturdiagrammen entwickelt werden. So verweist der oben als Beispiel aufgeführte Ablaufplan im 7. Schritt auf eine weitere Festlegung: Einarbeitung neuer Mitarbeiter. Daneben sind sinnvollerweise in solchen Diagrammen zu regeln:

- Anstellung von Leiterinnen
- Verhalten im Konfliktfall (Abmahnung, Entlassung)
- Budgeterstellung
- Ablauf von Zielvereinbarungsgesprächen
- Vertretungsfragen
- Aufnahmeverfahren für neue Kinder

6. Schritt.   Um die entwickelte Struktur verbindlich auf die jeweilige Arbeitskraft zuzuschreiben, wird für jede Mitarbeiterin eine spezifische Stellenbeschreibung entwickelt, die Teil ihres Arbeitsvertrages wird. Beiliegendes Beispiel ist ein Formular, das individuell gestaltet werden kann (Steinbuch 1985, 189) (Tab. 6)

Verantwortlichkeit	Aktivität
Träger/T) nach Rücksprache mit Leiterin (L)	1) Ausschreibung intern, ggf. extern
Leiterin	2) Prüfung der eingegangenen Bewerbungs-unterlagen
Leiterin	3) Einladung zum Bewerbergespräch
Leiterin und Träger	4) Bewerbungsgespräch
Leiterin und Träger (gemeinsam)	**5) Entscheidung**
Träger (Schnittstelle zum Betriebsrat)	6) Vertragsgestaltung
Leiterin/Team	7) Einarbeitung (dazu kann ein gesonderter Ablaufplan erstellt werden)

Abb. 11: Beispiel eines Ablaufplanes

Tab. 6: Dokumentation von Stellenbeschreibungen

Name	Arbeitsstelle / Berufsbezeichnung
Bezeichnung der Stelle	Angabe des Namens und ggf. des Kurzzeichens
Einordnung	Wer ist die vorgesetzte Instanz? Welche sind die nachgeordneten Stellen?
Aufgaben	Die einzelnen Aufgaben sind genau auszuweisen.
Befugnisse	Welche Befugnisse werden der Stelle zugeschrieben?
Anforderungen	Welche Anforderungen sind vom Stelleninhaber zu erfüllen?
Vertretung	Wer ist Vertreterin? Welche Stelle wird durch die Mitarbeiterin vertreten?

3.6 „Führung durch Zielvereinbarung" – praktisch

„Führung durch Zielvereinbarung" als Führungsinstrumentarium eines Kita-Unternehmens einzuführen ist ein komplexer Vorgang. Insbesondere die Schulung der Führungskräfte muss angesichts der hohen Fluktuation in Kindertagesstätten systematisch etabliert werden. Eine einmalige Schulung reicht nicht aus, es bedarf aufbauender Reflexionen. Die Einführung von „Führung durch Zielvereinbarung" im Kita-Unternehmen kann in drei Schritten umgesetzt werden:

- Entwicklung eines Führungsgrundsatzes
- Etablierung eines Schulungskonzeptes
- Durchführung und Formalisierung der Zielvereinbarungsgespräche

1. Schritt: Der Führungsgrundsatz. Bei Prozessen der Organisationsentwicklung findet der Schritt der Entwicklung einer Führungsphilosophie häufig wenig Gegenliebe. Warum soll man Selbstverständlichkeiten niederschreiben? Warum „schöne Worte" über Dinge verlieren, die man sich vornimmt? Die Antwort darauf wurde schon im Zusammenhang mit der Leitbildentwicklung erläutert: Zum einen ist der Entstehungsprozess wichtig, denn er führt zur Identifikation der Mitarbeiterinnen mit „ihrem" Träger, zum anderen bedarf es einer Zielgröße, an der das Führungshandeln sich immer wieder ausrichten kann. Neben den kommunikativen Bestandteilen dieses Führungsgrundsatzes, bedarf es einer solchen formellen Absicherung (Bisani 1981, 99). Insofern kann das jetzt vorgelegte Beispiel (siehe Abb. 12; aus Walter 1998, 275 adaptiert) nur eine Anregung sein, über den eigenen Führungsgrundsatz im Kita-Unternehmen nachzudenken.

2. Schritt: Etablierung eines Schulungskonzeptes. Schulung auf das Führungsinstrumentarium ist unabdingbar, allerdings in der praktischen Durchführung nicht ganz einfach. Es bedarf geeigneter Erwachsenenbildner, die viel Erfahrung mit Mitarbeiterschulung haben. Das folgende Beispiel aus meiner eigenen Fortbildungspraxis will insofern nur eine Anregung für einen Schulungskursus sein, der so für Führungskräfte angeboten werden könnte. Weitere geeignete Konzepte sind z. B. zu finden bei Jakubeit (2000, 64ff).

Führung ist ein personales Geschehen. Durch ein formal in Kraft gesetztes Führungskonzept und organisatorische Maßnahmen können Führungskräfte in ihren Bemühungen, Aufgabenziele und Mitarbeiterziele zu verwirklichen, unterstützt werden.

Wir praktizieren einen kooperativen Führungsstil. Der führende Vorgesetzte bezieht seine Mitarbeiterinnen in beabsichtigte und sie betreffende Entscheidungen mit ein, indem er sie informiert und sie zur Stellungnahme auffordert. Ihm ist es wichtig, die Angestellten zu motivieren, ihre Meinungen zu äußern, auch wenn sie kritisch zu bestimmten Vorhaben stehen. Das heißt, die Arbeitnehmer sind an den Entscheidungen mit beteiligt.
Meinungsverschiedenheiten und Konflikte werden, bei Wahrung der vorgesehenen Dienstwege, so weit wie möglich im direkten Gespräch diskutiert und bereinigt.

Unser kooperativer Führungsstil ist zum einen durch das Bestreben gekennzeichnet, die Mitarbeiter aktiv in das Unternehmensgeschehen einzubeziehen. Ihre berufliche Entwicklung soll gefördert und auch im Berufsleben eine Möglichkeit zur Entfaltung ihrer Persönlichkeit gegeben werden. Zum anderen zeigen Führungskräfte eine aufgeschlossene Haltung gegenüber den Aufgaben und Zielen aller in der Gesamtorganisation. Gefördert wird einerseits die Fähigkeit, auf einer sachlichen Basis miteinander zusammenzuarbeiten, andererseits aber auch die Verbesserung von Sozial- und Leistungsverhalten der Mitarbeiterinnen.

Gemeinsam setzen wir Ziele und kontrollieren die Ergebnisse. Dazu gehört eine realistische Einschätzung der Situation durch die Führungskraft und ein ehrliches Feedback gegenüber den Mitarbeiterinnen. Ebenso begrüßen die Führungskräfte das ihnen gegebene Feedback.

Die vertrauensvolle Zusammenarbeit zwischen Führungskraft und Mitarbeiterinnen setzt eine hohe soziale und fachliche Kompetenz des Vorgesetzten voraus, die wir systematisch schulen und fördern.

Unsere Führungskräfte haben die Aufgabe, zur Sicherung des notwendigen Bestandes an Fach- und Führungspersonal beizutragen. Wir versuchen, unseren eigenen Führungsnachwuchs heranzubilden, indem wir gezielt geeignete Mitarbeiterinnen auf zukünftige Führungsaufgaben schulen – Führungskräfte bereiten diese Mitarbeiter auf höher qualifizierte Aufgabeninhalte vor, fördern und festigen ihre Führungsqualitäten und schlagen sie im Einvernehmen mit dem betreffenden Mitarbeiterinnen zur Führungskraft vor. Aus dem kooperativen Führungsstil leiten sich auch unsere Führungsinstrumente ab:

- Führung durch Zielvereinbarungen
- Delegation von Aufgaben und Verantwortung
- Informationen fließen ungehindert in alle Richtungen
- Entscheidungen werden auf der festgelegten Ebene getroffen
- Kontrolle ist Aufgabe aller Führungskräfte
- Wir bieten Qualifizierungen als Chance für alle.
- Führungskräfte nutzen die kollegiale Ebene zum Austausch und zur Mitverantwortung

Abb. 12: Führungsgrundsatz einer Kindertagesstätte

Ablauf 1. Tag

Vorstellungsrunde

Meine Erwartungen an meine Führung, meine Erwartungen an meine Vorgesetzte

Theorieinput

Was sind Ziele? (Hier können die Theorien, die unter 3.3. ausgeführt wurden, referiert werden.)

Imaginationsübung

Mein Bild einer Leiterin

Bild 1: Das Idealbild als Leiterin (Bild in Gruppe)   Bitte malen Sie gemeinsam die ideale Leiterin und notieren Sie stichwortartig die wichtigsten Merkmale! Wie sieht sie aus? Was kann sie? Wie arbeitet sie (Methoden, Führungsstil)? Welche kommunikativen Fähigkeiten hat sie?

Bild 2: Mein Selbstbild als Leiterin (jede Leiterin malt ihr Selbstbild)
Jede Leiterin führt sich ihre eigene Leitungstätigkeit vor Augen und entwirft ihr Selbstbild. Bitte notieren Sie sich die wichtigsten Eigenschaften des Selbstbildes.

Auswertung: Wo sind Parallelen zwischen den beiden Bildern? Wo weichen sie besonders stark ab? Welche Abweichung kann ich gut akzeptieren, welche schlecht?

Führungstechniken

Es muss an dieser Stelle genügen, auf Theorie und Praxis von Gesprächsanalysen anderer zu verweisen. Eine sehr gute Einführung bieten Stewart und Joines 1990 oder auch Rautenberg und Rogoll 1982. Im Seminar bietet sich folgender Ablauf an:

Schilderung einer Gesprächssituation: Grundsätzlich soll eine Szene aus dem Alltag der Teilnehmerinnen gewählt werden.

Herausarbeiten einer spielbaren Situation: Die Rollen werden gemeinsam beschrieben und vergeben.

Rollenspiel: Die Szene wird kurz angespielt, ggf. von anderen Teilnehmerinnen weitergeführt.

Analyse und Feedback: Die Gruppe erarbeitet die Situation und gibt dem Spieler Feedback.

Weitere Rollenspiele mit Erschwernis der Situation: Wenn der Übende die Situation sicher beherrscht, kann die Schwierigkeit erhöht werden, indem zum Beispiel der Mitspieler in vermehrtem Maße problematisches Verhalten zeigt.

Analyse und Feedback: Die Gruppe erarbeitet die Situation und gibt dem Spieler Feedback.

Aufwärmübung
Laudatio an meine Mitarbeiter

Tagesreflexion

Ablauf 2. Tag

Rollenspiel
Mitarbeitergespräch
Ziele setzen und Kompromisse schließen

Zielübung
Zuerst zwei, dann vier, dann acht usw. Personen versuchen, sich auf vier wichtige Ziele zu einigen, die sie per Stichwort auf Karteikarten geschrieben haben.

Rollenspiele (wie oben)

Tagesreflexion

Ablauf 3. Tag

Gesprächsregeln erarbeiten und einüben
Die Teilnehmerinnen erarbeiten sich aus den Rollenspielen wichtige „Merkpunkte" zum Thema „Wie führe ich Gespräche?"

Feedback geben und nehmen
Übung A: Die Teilnehmer stehen im (möglichst leeren) Raum. In die Mitte wird ein Gruppensymbol (oder ein Themensymbol) gestellt. Die Teilnehmer sollen sich je nach Gefühl nun im Raum aufstellen, wie weit oder nahe sie sich der Gruppe (oder dem Thema) fühlen. Sie können sich nun umschauen, wer neben ihnen steht. Der Gruppenleiter stellt die Frage, was getan werden kann, die Teilnehmer näher an das Zentrum heranzuführen.
Übung B: Die Gruppe teilt sich in Paare. Die Teilnehmer sehen sich gegenseitig an und teilen sich mit, was sie beobachten. Z. B.: „Ich sehe, dass du Sportschuhe trägst." „Ich sehe, dass du eine moderne Brille hast." Anschließend werden Interpretationen geäußert: „Ich sehe deine Sportschuhe und vermute, dass du sportlich bist." „Ich sehe deine moderne Brille und vermute, dass du großen Wert auf Äußeres legst." Der Partner nimmt die Interpretation schweigend hin. Anschließend Wechsel der Rollen.
Wichtig: die Übung dauert zehn Minuten. Wenn einem Partner nichts mehr einfällt, soll der andere Partner die Pause aushalten. Die Partner sollen sich während des Spiels gegenseitig betrachten.

Abschlussreflexion

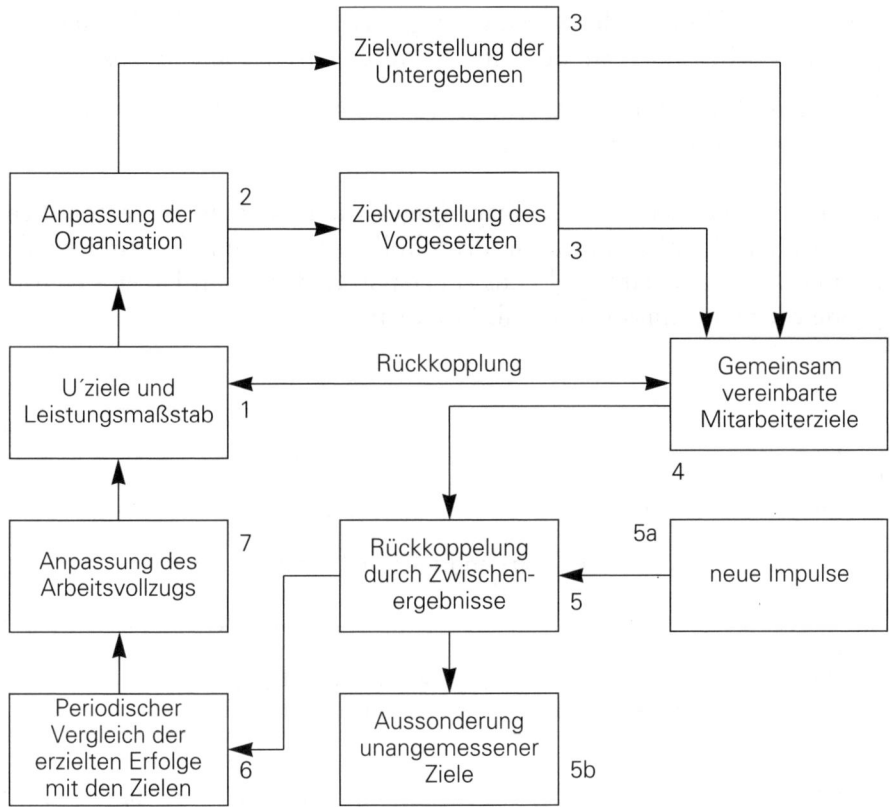

Abb. 13: Ablauf eines Führungszyklus

3. Schritt: Durchführung und Formalisierung der Zielvereinbarungsgespräche.   Nun muss das Instrumentarium formell eingeführt und ein entsprechendes Verfahren entwickelt werden. Wir beziehen die Erläuterungen auf das Modell von Staehle (1987, 570; siehe Abb. 13).

Stationen 1 und 2 beschreiben die Vorarbeiten der Organisation: Sie muss ihre eigenen Maßstäbe festlegen und ihre Struktur entsprechend ausrichten.

Station 3: Die Kita-Leiterin formuliert die einrichtungsbezogenen Ziele, der Trägervertreter die einrichtungsübergreifenden Ziele, die für die Kita relevant sind. Ein solches Gespräch, das mit der Überprüfung der vereinbarten Ziele beginnt, findet mindestens einmal jährlich statt.

Station 4: Wichtig ist der Vereinbarungscharakter der Ziele. Danach beginnt die Arbeit im Team der Kita, die vereinbarten Ziele umzusetzen.

Stationen 5–7: Zwischenergebnisse werden kommuniziert und mit dem zu erzielenden Endergebnis abgeglichen.

Die Ergebnisse der Zielvereinbarungsgespräche werden in Protokollen festgehalten. Häufig sind diese Protokolle sehr kompliziert und wenig dem konkreten Bedarf der Praxis angepasst. In der Praxis haben sich folgende Elemente eines Protokolls bewährt:

```
Name des Mitarbeiters:  _ _ _ _ _ _ _ _ _ _ _ _ _ _ _

Name des Vorgesetzten:  _ _ _ _ _ _ _ _ _ _ _ _ _ _ _

Datum des Zielvereinbarungsgespräches:  _ _ _ _ _ _ _
---------------------------------------------------------

1.Bewertung der Ergebnisse seit dem letzten
  Zielvereinbarungsgespräch in persönlicher und
  fachlicher Hinsicht

2.Wichtigste Ziele und Ergebniskriterien für das
  kommende Arbeitsjahr
  - Ressourcenmanagement
  - Kundenorientierung
  - Mitarbeiterorientierung
  - Innovation und Qualitätsentwicklung

3.Persönlicher Entwicklungs- und
  Unterstützungsbedarf

4.Terminmarge für Zwischenergebnisse und nächstes
  Zielvereinbarungsgespräch



- - - - - - - - - - - - - - - - - - - - - - - - - - -
Unterschriften
```

Abb. 14: Protokoll für das Zielvereinbarungsgespräch

3.7 Anforderungsprofil einer Leiterin des Kita-Unternehmens

Ausgehend von den genannten Funktionen der Leiterin eines Kita-Unternehmens, können wir jetzt ein Anforderungsprofil erstellen. Anforderungsprofile werden nicht personenbezogen erstellt, sondern besitzen einen einheitlichen Aufbau für ähnliche und vergleichbare Stellen (Becker 1999, 334f). Darauf zu achten, dass bei einer Neueinstellung möglichst viel vom Anforderungsprofil erreicht wird, ist Teil der Verpflichtung des Trägers. Das Profil einer Leiterin ist in Abb. 15 dargestellt.

I. Kernaufgaben der Stelle

1. Personalführung
   Die Leiterin ist Dienstvorgesetzte aller Mitarbeiterinnen in der Kita. Sie hat folgende Aufgaben:
   – Führung und Leitung des Personals der Kita
   – Entwicklung und Umsetzung von Personalentwicklungsmaßnahmen für die Mitarbeiterinnen

2. Pädagogische Leitung
   Die Leiterin ist Fachvorgesetzte aller Mitarbeiterinnen in der Kita. Damit ist sie verantwortlich für die pädagogische und fachliche Qualität in der Kita, die Entwicklung und Einhaltung von Qualitätsstandards.

3. Organisatorisch-verwaltungstechnische Leitung
   Die Leiterin organisiert die Verwaltung und ist damit verantwortlich für die ordnungsgemäße und nachvollziehbare Verwaltung sowie aller damit zusammenhängenden Nebentätigkeiten, wie z. B. die Information der Mitarbeiterinnen.

4. Budgetverantwortung
   Die Leiterin verwaltet das Budget der Kita. Sie ist verantwortlich für die ordnungsgemäße Verwendung der Gelder und die Einhaltung der Budgets. Sie ist zeichnungsbefugt für die Konten und die Handkasse.

5. Vertretung nach außen
   Die Leiterin vertritt die Kita in der Öffentlichkeit, gegenüber der örtlichen Presse, der Politik und dem Gemeinwesen.

Abb. 15: Anforderungsprofil für die Leiterin einer Kindertagesstätte

II. Fachliche Anforderungen

1. Formale Qualifikation

   Erzieherin, möglichst mit Zusatzqualifikation in einschlägigen Leitungsschulungen

2. Erfahrungen und Kenntnisse in den Bereichen
   - Arbeitsrecht und den entsprechenden rechtlichen Instrumentarien
   - Strukturen der Verwaltung
   - Personalentwicklung
   - Zeitgemäße Pädagogik (inkl. Raumqualität)
   - Konzeptionelle Fähigkeiten (Vernetztes Denken, Innovatives Denken)
   - Lebensmittelrecht, Hygieneverordnung etc.
   - Konzepte der Qualitätssicherung
   - Grundlagen der Budgetierung
   - Zeitmanagement und Organisation
   - Informationsverarbeitung (inkl. EDV)
   - Methoden des Marketings
   - Methoden der Öffentlichkeitsarbeit und Außendarstellung

III. Persönliche Anforderungen

1. Kommunikative Fähigkeiten
   - Fähigkeit zur Gesprächsführung
   - Fähigkeit zur Führung von Teams
   - Fähigkeit zum Schließen von Vereinbarungen

2. Kreative Stärken
   - Führungsverhalten (Mitarbeiterorientierung, Zielorientierung)

3. Belastbarkeit
   - Konfliktfähigkeit,
   - Stressbewältigung

4. Teamfähigkeit

5. Kooperationsbereitschaft, die sich besonders zeigt in
   - Verhandlungsgeschick
   - konstruktivem Umgang mit Widerständen
   - demokratischem Umgangsstil

6. Entscheidungsfreude
   - Initiative
   - Verantwortungsbewusstsein

Abb. 15: Fortsetzung

4 Mitarbeiterorientierung: Von der Optimierung der Zusammenarbeit im Kita-Unternehmen

Das Pendant zur Aufwertung der Leitungtätigkeit der Leiterinnen der Kitas ist im Kita-Unternehmen die Mitarbeiterorientierung. Dazu zur Einführung ein kleines Erlebnis:

In einem Fortbildungsseminar für Leiterinnen zum Thema „Meine Rolle als Leiterin – Von der besten Freundin zur Geschäftsführerin" setzten sich 12 Leiterinnen intensiv mit ihrer neuen Rolle auseinander. Am Anfang war ihr Fragestand: Wie führe ich ein möglichst konfliktfreies Mitarbeitergespräch? Bei der Schlussreflexion schälten sich plötzlich andere Themen heraus: Das Thema, das den Leiterinnen am meisten auf den Nägeln brannte, war die Notwendigkeit, Grenzen zu setzen. Ihre Fragestellungen waren jetzt andere: Welche arbeitsrechtlichen Instrumente stehen mir zur Verfügung? Wie ist das mit der „Abmahnung"? usw.

Ich sehe diese neuerliche Vereinseitigung des Blickwinkels nicht negativ. Zum einen ist es nötig, diesen Blickwinkel in aller Radikalität einzunehmen, weil der vorherige ebenso einseitig war. Am Ende wird im dialektischen Prozess deutlich werden, dass Kooperation und Grenzen, Leistungsorientierung, Führen mit Zielvereinbarungen, Fördern und Kontrollieren keine Gegensätze, sondern notwendige Teilfunktionen von Führung und Leitung sind.

4.1 Einführung in die Grundlagen der Mitarbeiterorientierung

Die Umwelt, in der das Kita-Unternehmen (über-)leben und handeln will, ist in jüngerer Zeit von einer erheblichen Dynamisierung und Komplexitätszunahme geprägt. Die Ansprüche und Forderungen der Eltern an die Kita-Mitarbeiterinnen werden mit der Qualitätsoffensive nicht weniger, sondern sie werden zunehmen. Das, was alle bieten, ist schon nicht mehr „markttauglich". Belohnt wird, wer kreativ, innovativ und flexibel ist. Dies setzt Personal voraus, das sich bei seinen Programmen nicht mehr ausschließlich an seinen bisher erfolgreichen Konzepten orientiert in der Hoffnung, dass alles so weitergeht, wie es immer noch gegangen ist. Kita-Personal von morgen muss vielmehr die veränderte Familiensituation, neue Frauen- und Männerbilder, Einflüsse aus den Bereichen Politik, Gesellschaft, Ökologie u. a. in seine Programme einfließen lassen. Das, was vor allem berücksichtigt werden muss, ist die Zunahme der Geschwindigkeit, mit der Veränderungen stattfinden. Man denke nur an die Folgen des technischen Fortschritts für die Familie, z. B. die Forderung nach „Mobilität" (Götz 1997). Noch treffen diese Anforderungen auf eine recht „konservative" Ausrichtung des Personals in vielen Kitas. Dafür gibt es viele Anzeichen:

- Viele in der beruflichen Ausbildung der Erzieherinnen erworbenen Qualifikationen veralten aufgrund des technischen, ökonomischen und gesellschaftlichen Wandels immer schneller.
- Neue Aufgabenbereiche, z. B. im Verwaltungsbereich (Zeit- und „Officemanagement") werden nur zögernd aufgenommen.
- Informationstechniken (z. B. EDV), Instrumente zur Bürokommunikation (E-Mail), betriebswirtschaftliche Kenntnisse werden kaum eingeführt.
- Der Prozess des Wissenstransfers zwischen den Universitäten und Fachhochschulen einerseits und den Fachakademien andererseits gelingt kaum, was Tendenzen der Dequalifizierung des Erzieherinnenberufes zur Folge hat.
- Träger suchen noch zu stark nach traditionellen „Fachkräften", statt Kräfte mit breit entwickeltem Problemlösungswissen einzusetzen (Diemer, Peters 1998).

Es ist an der Zeit, die Tätigkeiten von Erzieherinnen in Kitas als Dienstleistungsarbeit zu sehen. Dies hat Folgen für Ausbildung, für Anforderungen an die Fachkräfte und für die Personalentwicklung, die dazu beitragen soll, den beklagten Zustand zu verändern.

In Dienstleistungsunternehmen wie dem Kita-Unternehmen sind es nach Meinung der heutigen Wissenschaft vier zentrale Schlüsselkompetenzen, die bei Mitarbeiterinnen entwickelt werden müssen (Bullinger 1998).

Die vier Qualitäten (Offenheit, Kreativität, Flexibilität, Präsenz) sind neben den als selbstverständlich vorausgesetzten fachlichen Fähigkeiten der Mitarbeiterinnen die wichtigsten Ressourcen des Kita-Unterneh-

Abb. 16: Qualitäten der Mitarbeiterinnen im Kita-Unternehmen

mens. Die genannten Qualitäten entwickeln sich in den seltensten Fällen von selbst. Genau diese Eigenschaften sind auch nur schwer zu „regeln" oder gar zu verordnen. Vielmehr bedarf es einer Reihe von begünstigenden Voraussetzungen, die diese Qualitäten „wachsen" lassen. Neben gezielten Strategien der Personalentwicklung müssen die strukturellen Voraussetzungen stimmen, um die Mitarbeiterressourcen optimal zu nutzen.

In der Bildungsarbeit ist seit langem die Notwendigkeit lebenslangen Lernens unumstritten. Schon 1970 postulierte der Deutsche Bildungsrat: „Die traditionelle Vorstellung von zwei Lebensphasen, die ausschließlich und voneinander getrennt entweder mit der Aneignung oder mit der Anwendung von Bildung zusammenfallen, wird abgelöst durch die Auffassung, dass organisiertes Lernen sich nicht auf eine Bildungsphase am Anfang des Lebens beschränken kann. Weiterbildung ... ergänzt die herkömmlichen geschlossenen Bildungsgänge und setzt sie unter nachschulischen Bedingungen fort." (Deutscher Bildungsrat 1970, zitiert nach Brödel 1998, 6). Für die berufliche Praxis der Kita hat die Verwirklichung dieser Forderung erhebliche Auswirkungen. Es gehört zu den Pflichtaufgaben des Trägers, den Mitarbeiterinnen die nötige Weiterbildung zu ermöglichen. Es gehört umgekehrt zur Verpflichtung der Mitarbeiterinnen, sich gezielt auf ihre Aufgaben hin (und nicht etwa lediglich nach Neigung) weiterzubilden. Insofern kann ich einer Leiterin, die betont, sie sei angesichts der schlechten Förderung von Fortbildungen durch ihren Arbeitgeber seit 10 Jahren nicht auf Fortbildung gewesen, nur teilweise Recht geben: Es ist ihr Recht, dass Fortbildungen adäquat gefördert werden, es ist aber nicht in ihr Belieben gestellt, ob sie teilnimmt oder nicht.

Schließlich muss angesichts des sich verändernden Rollenverhaltens von berufstätigen Frauen über Karrieremöglichkeiten auch in Kitas nachgedacht werden. Während man noch vor 15 Jahren davon ausgehen konnte, dass die Verweildauer in einem ausgesprochenen Frauenberuf nicht länger als 5–10 Jahre beträgt, realisieren wir heute die Notwendigkeit, Berufskarrieren zu planen, die das gesamte Berufsleben der Frauen bis zur Verrentung umfassen. Das setzt völlig andere Anforderungen an die Personalverantwortlichen und an ihre Fähigkeit zur Gestaltung von motivierenden Rahmenbedingungen. Es ist in der Motivationspsychologie unumstritten, dass die Zufriedenheit mit der zu verrichtenden Arbeit dann wächst, wenn sie abwechslungsreich und interessant ist (Gebert, Rosenstiel 1996). Wer als Träger motiviertes Personal will, darf diese Frage nicht dem Zufall überlassen. Verstärkt wird dieser Bedarf durch die veränderten Einstellungen der Mitarbeiterinnen zu ihrer Arbeit. Während in der Vergangenheit Pflichtwerte dominierten (Gehorsam, Unterordnung), sind es mehr und mehr hedonistische Werte (Spaß, Freizeit), die das Bild von der Arbeit prägen (Rosenstiel, Einsiedler, Streich 1987). Für die Personalführung wird der Wertewandel zur Herausforderung: Geht sie darauf ein, findet sie motiviertes und leistungsstarkes Personal, ignoriert sie die Entwicklungen, wird sie sich mit zweitbestem Personal begnügen müssen (Becker 1999).

Personalentwicklung muss Rahmenbedingungen schaffen, die Mitarbeiterzufriedenheit steigern, indem Arbeitsplätze interessanter, anspruchsvoller und letztlich zufrieden stellender gestaltet werden.

4.2   Ein Fundament, drei Säulen und ein Dach: Ein Konzept der Leistungsförderung

Es erscheint einleuchtend, die Leistungen der Kita als Dienstleistung zu definieren und daraus die Konsequenzen für die Mitarbeiterorientierung zu ziehen. Umso verwunderlicher ist es, dass diese Konsequenzen kaum in die Fachliteratur Eingang finden: Die Erwartungen an umfassende Konzepte der Mitarbeiterorientierung werden durch die Kita-Managementliteratur meist nicht befriedigt. Auch in der Praxis großer Verbände hat sich häufig nur die Rhetorik verändert. An dieser Stelle sollen einige

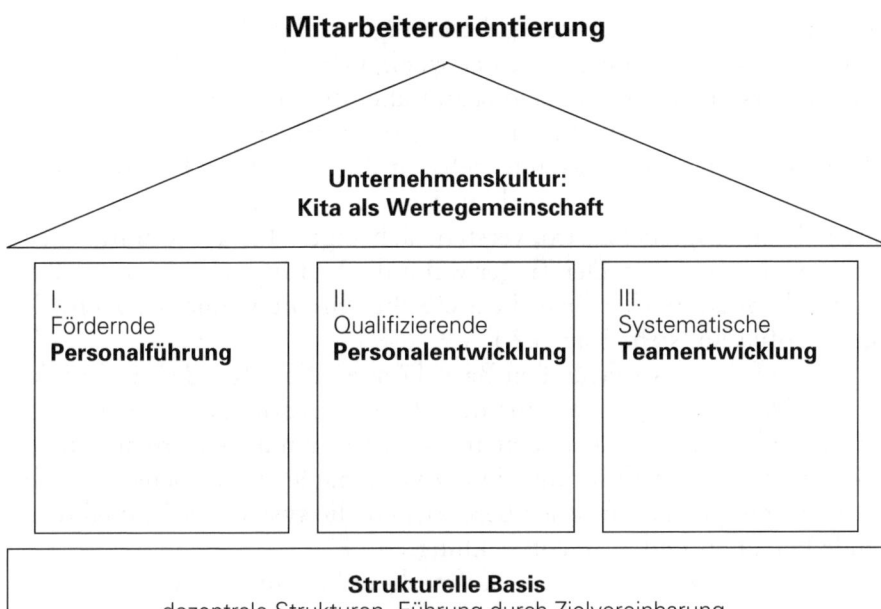

Abb. 17: Bausteine der Mitarbeiterorientierung im Kita-Unternehmen

Bausteine leistungsmotivierender Mitarbeiterorientierung im Kita-Unternehmen erarbeitet werden. Wir können dieses Konzept mit einem Haus vergleichen: mit einer strukturellen Basis als Fundament, mit drei Säulen (Personalführung, Personalentwicklung, Teamentwicklung) und einem Dach einer fördernden Unternehmenskultur. In den nächsten Kapiteln werden die einzelnen Bausteine näher erläutert.

In der strukturellen Basis finden wir wieder die Schnittstelle zu den unverzichtbaren strukturellen Rahmenbedingungen, die bereits erläutert wurden oder noch erläutert werden:

- Dezentrale Strukturen
- Entscheidungsspielräume der Kita
- Einbindung des Teams in die Entscheidungen
- „Führung durch Zielvereinbarung"

An dieser Stelle muss eine wichtige strukturelle Entscheidung des Trägers thematisiert werden: die Einstellung neuer Mitarbeiterinnen. Es ist von entscheidender Bedeutung, diese Frage im Kita-Unternehmen sinn-voll zu regeln. Die Praxis ist leider wenig befriedigend: Meist entschei-det der Vorstand oder ein Personalamt über die Besetzung freier Stellen, von der Putzfrau bis zur Leiterin. In seltenen Fällen hat die Leiterin ein Mitspracherecht. Im Kita-Unternehmen dagegen stellt die Leiterin als Geschäftsführerin das Personal an. Dass die Leiterin selber nicht von ihrem Team ausgesucht wird, versteht sich angesichts der Schnittstellen-funktionen von selbst. Der Träger wählt die Leitung einer Kita aus, Kri-terium dafür sollte allerdings die Stellenbeschreibung und das Anforde-rungsprofil sein (siehe Kap. 3.7.).

Nur auf dieser strukturellen Basis können die folgenden drei Säulen stehen. Die erste wichtige Säule der Mitarbeiterorientierung wurde be-reits ausführlich entwickelt: eine fördernde und mit Zielvereinbarungen operierende Personalführung. Die zweite Säule wird ebenso wie die dritte nachfolgend ausführlich beschrieben: die systematische qualifizie-rende Personal- und Teamentwicklung.

An dieser Stelle soll unsere Aufmerksamkeit auf einige grundsätzli-che Bemerkungen zum „Ziel" dieses Konzeptes gerichtet werden. Ziel ist, für den Kunden eine optimale Leistung zu erbringen. Im Wettbe-werb mit anderen Einrichtungen muss hart kalkuliert werden, nicht nur mit Geld, sondern auch mit der Leistung des Personals. Deshalb darf das Thema „Leistung" weder in der Kita selbst noch beim Träger Tabu sein. Man muss, wenn man die Entwicklung der letzten Jahre des So-zialmanagements überblickt, durchaus auch selbstkritisch gestehen, dass wir häufig genug der Faszination der Unternehmensberater erlegen sind, die mit klingenden Begriffen und überzeugenden Präsentationsme-thoden ihre „Weisheiten" unreflektiert auf die Soziale Arbeit übertragen haben. Eine der Illusionen war, „Techniken" zu vermitteln, die die zwei-fellos vorhandenen Mängel der Mitarbeiterführung „beheben" sollten. Was m. E. nicht ausreichend gelungen ist, ist die Adaption der norma-tiven Leistungsgesinnung einer marktwirtschaftlichen Gesellschaft. Das bedeutet nun gerade nicht, marktwirtschaftlichen „Killerinstinkt" zu entwickeln, wohl aber muss sich Soziale Arbeit von der Illusion befrei-en, sie könne Methoden des Sozialmanagements ohne eine entsprechen-de normative Grundlage übernehmen. Allerdings müssen betriebswirt-schaftliche Konzepte auf die Soziale Arbeit übertragen werden, was die Übernahme geeigneter Methoden ebenso einschließt wie das Ausson-dern untauglicher Mittel. Konkret: das Überprüfen von Leistungskon-zepten der Wirtschaft auf die Bedingungen der Sozialen Arbeit (Klug 2000d). Entgegen aller verbalen Euphorie, was Qualitätssicherung und

Sozialmanagement versprechen, wird in sozialen Organisationen häufig mit aller Macht versucht, alten „Schlendrian" mit neuen Konzepten fortzuführen. Es bedarf wohl einer grundlegenden Diskussion der normativen Wertgrundlagen der Sozialen Arbeit, um nicht die neuen Methoden zur Farce werden zu lassen.

Natürlich gibt es auch eine Reihe von Schimären der Betriebswirtschaft, noch dazu solcher, die in den vergangenen Jahren über die Soziale Arbeit „hereingebrochen" sind. In seinem Buch „Mythos Motivation" entlarvt Sprenger Motivationskonzepte der Industrie. Insbesondere kritisiert er moderne Zauberworte der Führungskräfte und ihre modernen „Versklavungstechniken", wie etwa „Belohnen und Bestechen", „Loben als Herrschaftszynismus" usw. Letztlich kommt er zur Erkenntnis, dass wir in der Führungstätigkeit drei Arten von Leistungsdimensionen zu unterscheiden haben (Sprenger 2000, 185):

- Leistungs-Bereitschaft
- Leistungs-Fähigkeit
- Leistungs-Möglichkeit

Die Leistungs-Bereitschaft muss, so Sprenger, generell vorausgesetzt werden. Sie ist grundsätzlich nicht „anzustacheln" oder zu „motivieren". Allerdings liegen im Entwickeln der Fähigkeiten oder der Möglichkeiten weite Betätigungsfelder der Führungskräfte. Dies ist in das Pflichtenheft der Führungskraft zu schreiben. Die andere Seite ist ebenso klar. Leistungs-Bereitschaft ist Pflicht der Mitarbeiterin, das gilt für die Industrie genauso wie für die Soziale Arbeit. „Es ist an etwas zu erinnern, was von der Motivierung verschüttet wird: an das Recht der Führungskraft, klare Forderungen zu stellen, Vereinbarungen zu treffen und diese zu kontrollieren. Sie hat das Recht, auf Einhaltung von Vereinbarungen und Arbeitsverträgen zu bestehen sowie Leistung auf der Grundlage definierter Ziele zu verlangen. Sie hat das Recht (und die Pflicht!), bei Nichteinhaltung von Absprachen offen zu konfrontieren und zu kritisieren (...). Sie hat das Recht, Konsequenzen in die Wege zu leiten" (Sprenger 2000, 186).

Die Leistungs-Fähigkeit der einzelnen Mitarbeiterin zu entwickeln, ist Aufgabe jeder Führungskraft, die Leistungs-Möglichkeiten ständig zu verbessern, muss sich jeder Träger als sein oberstes Gebot der Mitarbeiterführung zu eigen machen. Ziel aller Personalarbeit muss sein, die Organisation vor „Wissensverlust" zu schützen (Reinhardt 1998, 244) – eine elementare Notwendigkeit in lernenden Kita-Unternehmen. Das

stetige Bemühen darum muss für alle Mitarbeiterinnen spürbar sein.
Aus diesem Grunde gibt es im Konzept der Mitarbeiterorientierung die
klare Botschaft: Mitarbeiterinnen sollen nach Kräften gefördert werden,
ihre Fähigkeiten sollen sich entwickeln, aber wenn die Leistung nicht
stimmt, muss es möglich sein, sich von der Mitarbeiterin zu trennen.
Nur so können Träger sozialer Dienstleistungen bestehen.

4.3   Mitarbeiterorientierte Personalführung

In Kapitel 3 wurden bereits wichtige Grundlagen der Personalführung
erarbeitet, insbesondere der sich aus dem Führungsinstrumentarium
„Führung durch Zielvereinbarung" ergebende Führungsgrundsatz. Es
gilt jetzt, unter der Überschrift der „Mitarbeiterorientierung" einige
weitere Dimensionen des Führungshandelns zu ergänzen. Die Führungskraft hat im Kita-Unternehmen besondere für die Mitarbeiterinnen zentrale Funktionen (Bisani 1981):

- Qualitätssichernde Funktion
- Lokomotivfunktion
- Schaffung leistungsmotivierender Bedingungen
- Kohäsionsfunktion
- Strukturbildende Funktion

Die Leiterin hat im Hinblick auf die Qualitätssicherung eine zentrale
Rolle: Sie ist die Qualitätssicherungsbeauftragte. In dieser Funktion ist
sie an der Schnittstelle zwischen Träger, Kunden und Mitarbeiterinnen
tätig. Als Leiterin hat sie Vorbildfunktion und trägt entscheidend zur
Unternehmenskultur bei. Dabei ist es im Sinne der Mitarbeiterorientierung wesentlich, Leistungsbereitschaft zu fördern, indem sie erkannt
und belohnt wird.

Besonders in schwierigen Phasen ist die Lokomotivfunktion gefragt.
Mitarbeiterinnen brauchen dann Führung, wenn sie orientierungslos
und ängstlich den Herausforderungen gegenüber stehen. Dazu gehört
insbesondere auch, alle Mitarbeiterinnen mit den für sie notwendigen
Informationen zu versorgen.

Über Leistung und Leistungsmotivation wurde das Wichtigste schon
gesagt. Anzufügen ist, dass es zu den Aufgaben einer Führungskraft
gehört, leistungsfördernde Bedingungen zu schaffen.

Bleibt die Kohäsionsfunktion, bei der es um den Zusammenhalt

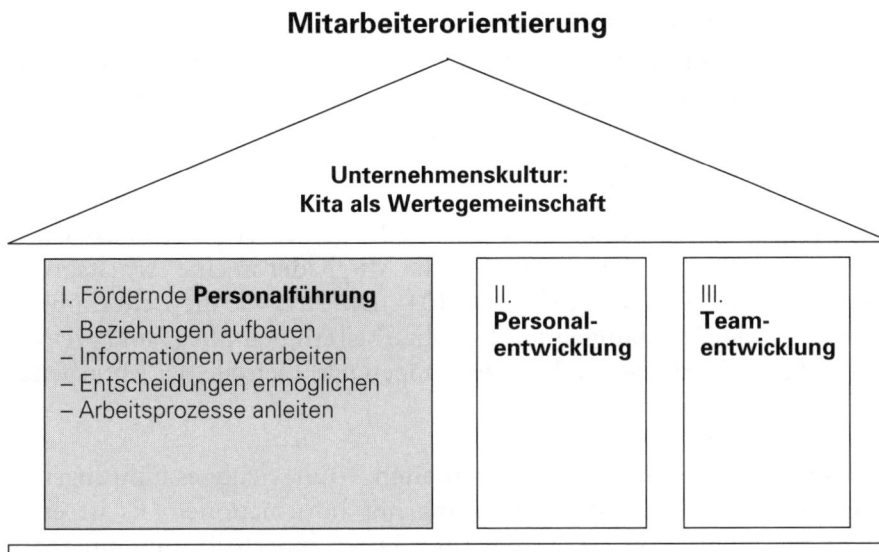

Mitarbeiterorientierung

Unternehmenskultur:
Kita als Wertegemeinschaft

I. Fördernde **Personalführung**

– Beziehungen aufbauen
– Informationen verarbeiten
– Entscheidungen ermöglichen
– Arbeitsprozesse anleiten

II.
**Personal-
entwicklung**

III.
**Team-
entwicklung**

Strukturelle Basis
dezentrale Strukturen, Führung durch Zielvereinbarung,
Entscheidungsspielräume, Einbindung des Teams in die Entscheidungen

Abb. 18: Fördernde Personalführung im Kita-Unternehmen

unter den Mitarbeiterinnen geht. Eine konzentrierte Arbeit nach außen setzt Zusammenhalt nach innen voraus, der sich in funktionaler Zusammenarbeit zeigt. In dem Maße, in dem die Zusammenarbeit gelingt, ist eine Steigerung der Mitarbeiterzufriedenheit wahrscheinlich.

Eine letzte wichtige Funktion ist die strukturbildende Funktion. Hier gilt es, Verantwortung für die Weiterentwicklung von Entscheidungsstrukturen (wer entscheidet, wer führt aus?) zu übernehmen. Das heißt nicht, alle Entscheidungen selber zu treffen, sondern zwischen der Leiterin selbst, den Gruppenleiterinnen, dem Team, den sonstigen Mitarbeiterinnen eine Form der Willensbildung zu entwickeln.

Wir können nun die erste Säule, die „Fördernde Personalführung", genauer bestimmen. Die strukturelle Basis ist bei allen drei Säulen gleich. Als Werkzeuge der Führungskraft im Führungsprozess lassen sich folgende Möglichkeiten für eine fördernde Personalführung festhalten (Cohen, Fink 1996).

Beziehung aufbauen und einsetzen.   Ein zentraler Ausdruck der Beziehung zu den Mitarbeiterinnen ist die Einstellung, die die Führungskraft ihren Untergebenen entgegenbringt: „Ob den Mitarbeitern im allgemeinen Vertrauen entgegengebracht wird und man davon ausgeht, dass sie motiviert sind, oder ob man ihnen mißtraut und sie als verantwortungslos gelten, ob unterschiedliche Meinungen erwünscht oder zurückgehalten werden, Individualität unterdrückt oder gefördert wird, all das wirkt sich unterschiedlich darauf aus, was die Mitglieder in eine Arbeitsgruppe einbringen." (Cohen et al. 1996, 104). Die Art, wie die Leiterin üblicherweise die Beziehungen zu den Mitarbeiterinnen pflegt und weiterentwickelt, beeinflusst die Überzeugungen und Gefühle der Mitarbeiterinnen nicht unerheblich.

Informationen beschaffen und verarbeiten.   Ein wichtiges Führungsinstrument der Leiterin ist der Umgang mit Informationen. Es ist eben nicht gleichgültig, ob sie systematisch Daten innerhalb und außerhalb der Kita sammelt (oder die Sammlung veranlasst) oder ob sie sich in ihrer Einrichtung „verkriecht". Informationen zu beschaffen ist ein technischer Ausdruck dafür, Kontakte zu anderen sozialen Diensten, zu wichtigen Informationsträgern im Gemeinwesen usw. aufzubauen. Die Zufriedenheit der Mitarbeiterinnen hängt nicht unwesentlich von der Verteilung bzw. Weitergabe der Informationen ab.

Entscheidungen ermöglichen.   Die Führungskraft initiiert und entwickelt mit den Mitarbeiterinnen Veränderungsprozesse. Im Aushandlungsprozess werden Alternativen gesucht, Prognosen der Erfolgswahrscheinlichkeit vorgelegt, Alternativen bewertet. Dabei ist es aus der Sicht der Mitarbeiterinnen nötig, sie am Zustandekommen von Entscheidungen zu beteiligen. Wenn, wie in einer Kita geschehen, Mitarbeiterinnen sich aktiv an der Entwicklung von Leitbildern beteiligen, dann aber eines vorgesetzt bekommen, in dem sie sich nicht wieder finden, ist Frust vorprogrammiert. In einem solchen Fall sollte die Leiterin als Störungsmanagerin fungieren: Gemeinsam mit den Mitarbeiterinnen muss die Störung analysiert werden, damit sie sich möglichst nicht wiederholt.

Arbeitsprozesse anleiten.   Wenn Mitarbeiterinnen während der Durchführung von Arbeitsvorgängen Hilfe brauchen, dürfen sie nicht allein gelassen werden. Sie brauchen einen „Coach". „Coaching" meint die „fachliche und psychologische Beratung" durch einen Berater und Förderer

(Coach), „der sowohl der fachlichen Unterstützung dient als auch gemeinsam mit dem betreffenden Mitarbeiter Entwicklungsprogramme (…) entwirft" (Pieper 1991, 66). Koordinatorische und organisatorische Hilfen ergänzen die Beratung von Mitarbeiterinnen bei der Realisierung von Arbeitsvorgängen. Die Führungsinstrumente müssen dem differenzierten Bedarf der Mitarbeiterinnen entsprechend vielfältig ausgewählt werden.

Was für Mitarbeiterinnen in der Kita gilt, gilt selbstverständlich auch für Leiterinnen als Mitarbeiterinnen des Trägers. Ein großes Problem von Kita-Leiterinnen ist bislang ihre unklare Rollendefinition. Sie sind Kolleginnen (da sie zumindest überwiegend als Gruppenleiterinnen tätig sind), sie sind Leitungspersonen, sie sind bisweilen eine Art „beste Freundin", wie es einmal eine Leiterin ausgedrückt hat. Mit ihrer Funktion im Kita-Unternehmen rückt die Leiterin in eine echte Leitungsrolle: Sie stellt ein, sie entlässt ggf., sie beurteilt, sie ist verantwortlich für die Einhaltung der Qualitätsstandards, sie weist an, sie motiviert und kritisiert. Dies bedeutet aber auch, dass sie die kollegiale Ebene in ihrer Einrichtung weitgehend verlässt. Um sie in diesem Anpassungsprozess zu unterstützen, bedarf es der der Neueinrichtung einer kollegialen Ebene für die Leiterinnen. Dazu müssen eigene Kollegialorgane (Leiterinnenfortbildungen, Konferenzen, kollegialer Austausch) geschaffen werden.

4.4   Aspekte der Personalentwicklung

Untersuchungen zeigen, dass lediglich 20–60% der Fähigkeiten der Mitarbeiterinnen genutzt werden (Reichardt 1999). Wenn die Fähigkeiten aber nicht genutzt und nicht gefördert werden, führt das zum einen zu einer Verschwendung (schließlich werden 100% der Leistungskraft bezahlt), zum anderen werden Mitarbeiterinnen frustriert, wenn sie sich nicht gefordert und gefördert fühlen. Dies wiederum kann zu erhöhten Krankheits- und Fluktuationsraten führen, aber auch zur mangelnden Identifikation mit dem Unternehmen. „Der Schaden für Unternehmen durch Frustration, Fluktuation und Dienst nach Vorschrift als Folge von Führungsverhalten bzw. -unfähigkeit geht in die Millionen." (Refa-Verband 1995, 127)

Erfolgreiche Personalentwicklung setzt voraus, dass Führungskräfte die Fähigkeiten ihrer Mitarbeiterinnen durch gezielte Maßnahmen erhalten und verbessern. Diese Konzepte der Personalentwicklung haben folgende Ziele (Olfert, Steinbuch 1987):

- Potenzialentwicklung
  Die menschliche Arbeitskraft als „latente Größe, (muss) aktiviert und aktualisiert werden, um ihre Wirksamkeit zu entfalten" (Neuberger 1994, 3).
- Qualifikation von Führungspersonal
  Angesichts der hohen Fluktuation und hoher Anforderungen an die Kita-Leitung erscheint hier hoher Handlungsbedarf.
- Methodenwissen veraltet auch in sozialen Berufen, wenngleich nicht so rasch wie in technischen. Deshalb bedarf es in den sozialen Berufen ständiger Anstrengungen zum Erhalt oder zur Aktualisierung des Methodenwissens.
- Qualifikation zum Change-Management
- Um Prozesse der Organisationsentwicklung zu begleiten, müssen personale Kompetenzen aufgebaut und gepflegt werden (Dybowski, Schemme 1999).

Personalentwicklung setzt Planung voraus. Dabei müssen die individuellen Berufskarrieren der Mitarbeiterinnen wie auch die Zusammensetzung des Teams insgesamt bedacht werden. Insbesondere sind zu planen:

- der Förderungsbedarf in Bezug auf die derzeitigen und zukünftigen Ziele des Kita-Unternehmens in Verbindung mit persönlichen Qualifikationen und individuellen Interessen.
- die Förderungs- und Bildungsangebote für Mitarbeiterinnen aller Hierarchieebenen (z. B. im Rahmen von Mitarbeitergesprächen).
- die Möglichkeiten der Übertragung von Aufgaben je nach Qualifizierung mit dem Ziel der Entwicklungsmöglichkeit der Mitarbeiterinnen einerseits und der Rekrutierung des eigenen Führungsnachwuchses andererseits.

Für die optimale Förderung des Personals können einzelne Fortbildungsmaßnahmen gewählt werden. Darüber hinaus müssen gezielte Maßnahmen zur Förderung des beruflichen Aufstiegs eingeleitet und langfristig angelegte Zusatzqualifikationen ermöglicht werden.
  Wie bei allen Methoden ist jeweils zu fragen, welche von ihnen am besten zu den angestrebten Zielen führt. Selbstqualifikation, Lernfähigkeit und Selbstentfaltung müssen systematisch entwickelt werden. Im

Sinne eines lernenden Unternehmens sollten die Mitarbeiterinnen befähigt werden, die vereinbarten Ziele weitgehend selbstständig umzusetzen. Die selbstständige Durchführung von Aktionen oder Tätigkeiten wiederum trägt einerseits zur Erfüllung der Ziele der Kita bei, andererseits motiviert es Mitarbeiterinnen und fördert damit ihre Identifikation mit dem Unternehmen.

Ein besonderes Kapitel ergibt sich aus dem neuen Führungsinstrumentarium „Führung durch Zielvereinbarung". Dieses führt sich nicht selber ein, sondern muss mit darauf abgestimmten Fort- und Weiterbildungskonzepten und der Möglichkeit der systematischen Weiterqualifikation verbunden werden. Damit wird nicht nur die Leitungstätigkeit attraktiver (immerhin betrachten Leiterinnen Leitungstätigkeit in Kindergärten hauptsächlich unter dem Aspekt der persönlichen Weiterentwicklung, siehe Sturzbecher 1998), es werden in den Mitarbeitergesprächen auch gezielt Qualitätsdefizite herausgefiltert und durch lang- und kurzfristige Qualifizierungsmaßnahmen ausgeglichen. Damit sind Voraussetzungen geschaffen, um Leistungsverhalten und Arbeitszufriedenheit zu steigern.

Dabei spielt der Faktor „Zeit" eine zunehmend wichtige Rolle. Es kommt nicht mehr alleine darauf an, ob und wie man auf veränderte Umweltbedingungen reagiert, sondern wie schnell die Organisation in der Lage ist, sich an die veränderten Anforderungen von Kunden und Stakeholdern (also von den Interessenträgern) anzupassen.

Um die Kluft zwischen Qualifikationsbedarf und Qualifikationspotential nicht bedrohlich tief werden zu lassen, bedarf es einer vorausschauenden Analyse des Personalentwicklungsbedarfs. Wichtige Fragestellungen dabei sind:

- Wie hat sich die interne (z. B. Organisation, Team, Motivation der Mitarbeiterinnen) und externe Umwelt (Elternwünsche, Wohnbebauung) verändert?
- Wie wollen wir auf diese Veränderungen reagieren (Träger, Mitarbeiterinnen, Team)?
- Welche Fördermaßnahmen müssen wir planen, um sowohl den Veränderungen als auch den gewünschten Zielen Rechnung zu tragen (Persönlichkeits- und Teamentwicklung)?

Für die qualifizierende Personalentwicklung sind u. a. unterschiedliche Bausteine notwendig (siehe Abb. 19).

Abb. 19: Qualifizierende Personalentwicklung im Kita-Unternehmen

Wie alle drei Säulen steht auch das Personalentwicklungskonzept auf der „strukturellen Basis": Es bedarf einer weitgehenden Dezentralisierung der Befugnisse auf die Leiterin und der Einführung eines Führungsinstrumentariums „Führung durch Zielvereinbarung". Dezentrale Strukturen und das Instrumentarium „Führung durch Zielvereinbarung" können aber nicht allein durch Weiterbildungsveranstaltungen gewährleistet werden. Zusätzlich sollten die Inhalte der Qualifizierungs-Module durch ein begleitendes Coaching-Programm vertieft und intensiviert werden. Die Erfahrungen mit Organisationsentwicklungsprozessen zeigen, dass selbst interessierte Leiterinnen Budgetierung, Personalführung und Öffentlichkeitsarbeit nur dann professionell einführen können, wenn sie durch Coaching-Maßnahmen begleitet wurden. Die Module sorgen darüber hinaus dafür, die unterschiedlichen Vorqualifikationen der Leiterinnen auszugleichen und die Unsicherheit – insbesondere in der Anfangszeit einer Umstrukturierung – zu minimieren. Oft fällt es den Leiterinnen sehr schwer, die in den Seminaren erlernten Fertigkeiten auf ihre doch sehr unterschiedlichen Bedingungen anzuwenden. Selbstverständlich kann das Coaching-Programm auch durch sehr lange und intensive Fortbildungen in sehr kleinen Gruppen erreicht werden.

In der Übersicht (Abb. 19) sind die Qualifizierungs- und Coaching Module aufeinander abgestimmt. So ist es beispielsweise sinnvoll, neben einem Gesprächsführungs-Basisseminar ein Coaching-Angebot „Krisenintervention" (3–4 Sitzungen) vorzusehen, das die Leiterin in Anspruch nehmen kann, wenn ein akuter Bedarf besteht.

Während sich die meisten Module von selbst erklären, sei auf das Modul „Nachwuchskräfteschulung" noch eigens hingewiesen. Wie bereits ausgeführt, ist es sinnvoll, dass ein Kita-Unternehmen seinen eigenen Führungsnachwuchs zur Leitungsaufgabe heranführt. Dazu ist es nötig, in den Zielvereinbarungsgesprächen zu thematisieren, wer als zukünftige Führungskraft in Frage käme. Diese zukünftigen Führungskräfte, sofern sie grundsätzlich bereit sind, sollen dann eigens für diese Aufgabe geschult werden.

Wir werden im 6. Kapitel noch auf die Frage zu sprechen kommen, wie eine systematische Personalentwicklung im Zusammenspiel zwischen Träger, Leiterinnen und Fachberatung gewährleistet werden kann.

4.5   Aspekte der Teamentwicklung

Ein Team übernimmt gemeinschaftlich Verantwortlichkeit für die ihm übertragenen Aufgaben und bestimmt gemeinsam, wer welche Aufgabe übernimmt. Entscheidungen, die bisher in der Regel dem Management vorbehalten waren, werden von allen Teammitgliedern getroffen. Wissen und Erfahrung werden untereinander ausgetauscht, jeder lernt vom anderen dazu. Darüber hinaus werden die Teammitglieder gezielt und systematisch weitergebildet, Vertrauen, Offenheit und ein der gemeinsamen Sache verpflichtetes Engagement sind wesentliche Basis der Arbeit. All dies sind Aspekte, durch die sich ein Team von anderen Arbeitsformen abgrenzt (Reichardt 1999).

Dieses gemeinsame „Schicksal", das die Teammitglieder teilen (Haug 1998), setzt hohes Verantwortungsbewusstsein aller Teammitglieder für das gesamte Kita-Unternehmen voraus, nicht nur für die jeweils eigenen Interessen. Im Gegensatz zu traditionellen Arbeitsgruppen ist es nicht die Kita-Leiterin, die die Entscheidungen im Team trifft, wiewohl es Entscheidungen geben wird, die ihr niemand abnehmen kann. Auch wird der Leitung ein definiertes Veto-Recht nicht abzusprechen sein, da sie ihre besondere Verantwortung gegenüber Träger und Öffentlichkeit nicht delegieren kann. Darüber hinaus aber haben alle Teammitglieder einschließlich der Kita-Leitung bei Teamentscheidungen gleiches Stimmrecht (Haug 1998). Die besondere Rolle der Leiterin der Kita (nicht zu verwechseln mit der Sitzungsleitung im Team) bedarf noch näherer Erörterung. Die Leiterin

- sorgt dafür, dass der notwendige Freiraum für die Arbeit des Teams zur Verfügung steht und erhalten bleibt (Schnittstelle zum Träger).
- kann – aus einer Haltung der Wertschätzung für den anderen – zuhören, fördert die Entscheidungsfähigkeit und -bereitschaft der Teammitglieder, d. h. hilft ihnen, in dem sie alle Informationen zur Verfügung stellt.
- trägt ihren Teil dazu bei, dass Teamprobleme gelöst werden, allerdings ist sie nicht aufgerufen, für jeden Konflikt die Verantwortung zu übernehmen.
- versteht ihre Rolle als die des Coachs, der seine „Spieler" so unterstützt und fördert, dass sie im Team der Gesamtaufgabe gerecht werden (Reichardt 1999).

Die Sitzungsleitung im Team sollte wechseln, während die Funktion der Kita-Leiterin selbstverständlich unangetastet bleibt. Diese Form der Führung eines Teams ist mit Ausnahme ihres Veto-Rechts ein „Führen ohne disziplinarischen Zugriff" (Haug 1998, 102), d. h. es besteht aus Tätigkeiten wie vorausdenken, integrieren und moderieren.

Insofern hat die Leiterin auch ohne disziplinarischen Zugriff eine andere Rolle als die der übrigen Teammitglieder, selbst dann, wenn sie genau wie die übrigen Teammitglieder Aufgaben übernimmt, sich der Team-Disziplin unterwirft, sich Team-Entscheidungen beugt etc. Diese Sonderrolle ist grundsätzlich nicht unvereinbar mit dem, was über Teams gesagt wurde und wird nur dann problematisch, wenn sie im Sinne einer Team-Ideologie („Wir sind doch alle gleich") ignoriert wird. Allerdings bedarf es eines sehr differenzierten Führungsverständnisses, um die verschiedenen Rollen, die die Leiterin hat, in einem Team auseinander zu halten. Bisweilen wird es nötig sein, im Team selbst zu klären: „Welche Rolle nimmst du jetzt ein?" Die Fähigkeit, über die Zusammenarbeit selbst zu reflektieren („Metakommunikation"), kann durch intensive Teamschulung gefördert werden.

Im Kita-Team werden die Aktivitäten der gesamten Kita koordiniert. Insbesondere die Operationalisierung der Zielvereinbarungsgespräche muss das Team leisten, indem es konkrete Arbeitspakete auf Teammitglieder delegiert, die diese dann eigenverantwortlich durchführen und dokumentieren.

Um Erfolgsfaktoren einer gelingenden Teamarbeit zu charakterisieren, können wir die dritte Säule im Konzept, die systematische Teamentwicklung (Haug 1998, 24), näher beschreiben (siehe Abb. 20).

Zu den „stützenden Rahmenbedingungen" gehört die strukturelle Festschreibung der Kompetenzen des Teams. Elemente dieser „Satzung" eines Teams sind:

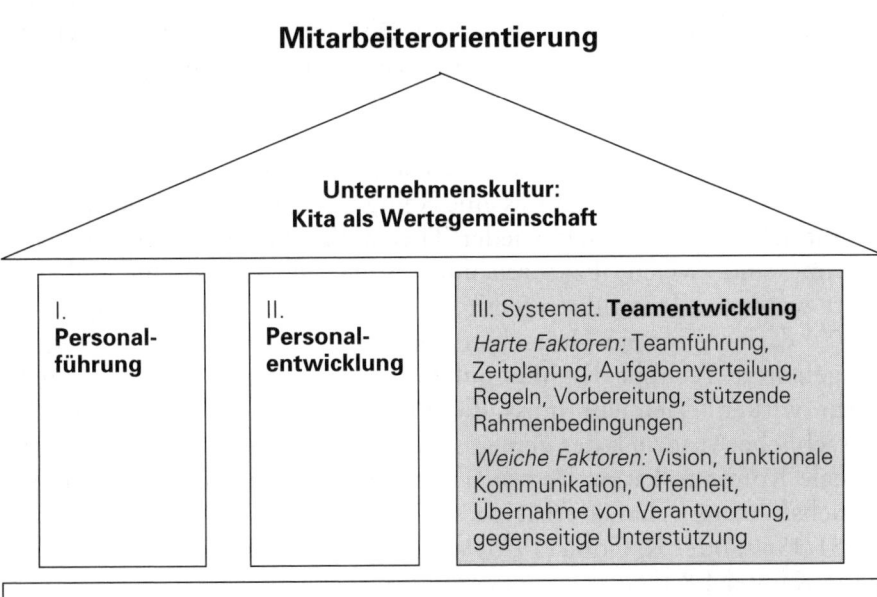

Abb. 20: Systematische Teamentwicklung im Kita-Unternehmen

- Zusammensetzung (Wer ist Mitglied? Praktikantinnen? Hauspersonal?)
- Abstimmungsmodus (Konsens? Mehrheit?)
- Grenzen der Entscheidungsmöglichkeiten (Veto-Recht der Leiterin und des Trägers)
- Grundsätze der Teamarbeit (Leitung, Protokoll, Einladung, Delegation)

Insbesondere ist es wichtig, dass der Träger festlegt, welchen Entscheidungsspielraum das Team innerhalb der Organisation hat. Im Kita-Unternehmen wird empfohlen, die Team-Aufgaben im System des Führungsinstrumentariums „Führung durch Zielvereinbarung" zu verankern, d. h. die Operationalisierung der vereinbarten Ziele und die Entwicklung neuer Ziele auf Kita-Ebene ins Team zu verlegen, und damit dem Team strukturell abgesicherte Aufgaben zu übertragen. Zu den für die Mitarbeiterinnen wichtigsten Auswirkungen zählt die Aufwertung der Teams zu echten Entscheidungsgremien der Kita. Wenn die Leiterin ihre Zielvereinbarung mit dem Trägervertreter abgeschlossen hat, stellt sie diese Ziele im Team zur Diskussion. Dort wird überlegt, wie die Zielvereinbarung umgesetzt werden kann (Breisig 1990). Die meisten anderen „harten Faktoren" sprechen für sich. Die Aufgaben ergeben sich aus den Zielvereinbarungsgesprächen, den Ergebnissen daraus und der Vorbereitung für die nächste Runde dieser Gespräche.

Neben den „harten" gibt es eine Reihe von „weichen" Faktoren, die in ähnlicher Form immer wieder Thema für die „Führung" und das „Team" sind. Weiche Faktoren müssen entwickelt, geschult und trainiert werden. „Teamführung mit Visionen" kann nicht, wie Sprenger (2000) darlegt, nur ein Herrschaftsvorgang anderer Art sein, eine noch ausgefeiltere Technik der Manipulation, wenn andere Techniken nicht mehr wirken. Vielmehr muss die Vision, wie mehrfach betont, der tatsächliche Ausdruck des gemeinsamen Willens des Teams sein. Funktionale Kommunikation lässt sich mit den allgemeinen Regeln der Gesprächsführung charakterisieren, wie sie etwa Schulz von Thun (1981/1989) oder R. Cohn (1975) vorgeschlagen haben (siehe dazu Abb. 23 in Kapitel 4.8.)

4.6   Das Kita-Unternehmen als Wertegemeinschaft

Wir sind an der „Spitze" des Hauses der „Mitarbeiterorientierung" an-gelangt, den Grundsätzen des Unternehmens. Das Thema wurde schon im Kapitel über „Profilentwicklung" (siehe Kapitel 3.3.) angesprochen und soll jetzt unter dem Aspekt der Mitarbeiterorientierung vertieft werden.

Zur systemischen Organisationsbetrachtung lässt sich neben dem strukturellen Aspekt, den wir als Basis dargestellt hatten, ein unterneh-menskultureller erkennen. Nach Gabele und Kretschmer (1985, 34) kann man Unternehmenskultur „als komplexes Vorstellungsbild von ei-ner Organisation interpretieren, in dem Werte, Überzeugungen, Ideen und Symbole integriert sind. Sie [die Unternehmenskultur] gibt Aus-kunft, was eine Organisation ist und was sie anstrebt."

Unternehmenskultur lässt sich demnach nicht schreiben wie ein Or-ganigramm, sie lässt sich nicht planen wie ein Organisationsentwick-lungsprozess, sie lässt sich aber erfragen und durch Interviews ermitteln. Sie ist so etwas wie der „Geist" eines Unternehmens, der jenseits aller Regelungen die Leistungsbereitschaft fördert oder hemmt.

Es wird häufig gerade in konfessionellen Verbänden geklagt, mit ei-ner marktwirtschaftlichen Orientierung gehe die Identität verloren, ge-tan werde nur noch, was der Markt verlangt, es gäbe keine theologische oder wertbezogene „Sinnmitte" mehr. Auffallend ist jedoch, dass die Verbände in der Personalführung ihrer eigenen Mitarbeiterinnen relativ einfallslos sind, was die Förderung des Wertbewusstseins betrifft. Das im Zuge des Prozesses der Profilentwicklung entstandene Leitbild muss so sein, dass Mitarbeiterinnen es als lohnend empfinden, an seiner Ver-wirklichung mitzuwirken. Mitarbeiterinnen wollen in ihrer Arbeit einen Sinn sehen, viel mehr als in früheren Jahrzehnten empfinden sie es nicht mehr als motivierend, fraglos und ohne Einsicht die „Pflicht" um der Pflicht willen zu erledigen. Es ist dem Präsidenten des Deutschen Cari-tasverbandes, H. Puschmann, sehr zuzustimmen, wenn er betont, dass ein Leitbild (wir nannten es auch die Vision) keine Einzelaktion bleiben kann, sondern sich in Aktivitäten der Organisationsentwicklung und Personalentwicklung fortsetzen müsse. Puschmann nennt ausdrücklich die strukturelle Verankerung von Teamarbeit und Förderung der per-sönlichen Fähigkeiten. Er beklagt allerdings zu Recht: „Leider ist fest-zustellen, dass dieser Bereich in unseren Einrichtungen und Verbänden noch wenig entwickelt ist (...)" (Puschmann 1996, 109).

Mitarbeiterinnen haben ein Bedürfnis nach sinnlich erfahrbarer Manifestation geistiger Sinninhalte. So wird in Ritualen, Symbolen, der Art der Festgestaltung oder spezifischen Sprechweisen eine für die Organisation typische „Kultur" sicht- und spürbar. Wir sprechen oft von einem „Klima", das in einem Unternehmen erfahrbar ist und das sich an vielen Kleinigkeiten festmacht, ohne dass es eine der Kleinigkeiten an sich ist, die das Betriebsklima oder die „Unternehmenskultur" ausmacht (Becker 1999, 69). Insofern ist es nicht möglich, zielgenau eine Kultur zu „kreieren", allerdings sind sehr wohl Faktoren zu benennen, die eine Unternehmenskultur positiv oder negativ beeinflussen. Zu den wichtigsten Voraussetzungen gehört, den Mitarbeiterinnen den Raum zu lassen, ihre eigene Kultur zu entwickeln. Vorgesetzte oder Träger sollten sich mit den eingebrachten Werten vorurteilsfrei auseinander setzen und ihre Wertvorstellung aktiv einbringen. Von zentraler Bedeutung ist das Zusammenstimmen der Trägerwerte mit dem tatsächlichen Handeln. Wenn, wie in einer Kita geschehen, der Träger Qualitätszirkel einführt, die Ergebnisse dieser Zirkel aber kommentarlos übergeht und seine ursprünglich vorgelegten Pläne ohne weitere Veränderung präsentiert, wird er es schwer haben, sein „Modell" von Kooperation noch glaubwürdig vertreten zu können. Vielmehr ist der Wert der „Partnerschaft" und mit ihm ein ganzes Personalführungskonzept für lange Zeit desavouiert. So banal es klingt: Werte müssen vorgelebt werden, das ist die Schwierigkeit, aber auch die Chance für Führungskräfte. Dies betrifft insbesondere die Kommunikationsbedingungen, die in einer sozialen Organisation herrschen. Eine Mitarbeiterin fühlt sich eher zu einer Organisation gehörig, in der eine fördernde, akzeptierende und vertrauende Kommunikation vorherrscht, als zu einer Organisation, in der Misstrauen, Fehlersuche und Disharmonie vorherrschen. Bleicher (1992b) nennt als zentrale Kommunikationsbedingung eine Beteiligung der Mitarbeiterinnen an Entscheidungsprozessen der Organisation. Selbststeuerung soll, so weit als möglich, das starre hierarchische System ablösen.

4.7   Unternehmenskultur praktisch gestalten

Im Anschluss an die obige Darstellung lässt sich das Erscheinungsbild eines Unternehmens nicht nur danach bestimmen, was die Imagebroschüren als Identität transportieren wollen, sondern auch nach dem, was die Mitarbeiterinnen nach außen darstellen. Demnach ist es für den Erfolg einer Organisation nicht nur wichtig, die entsprechenden struktu-

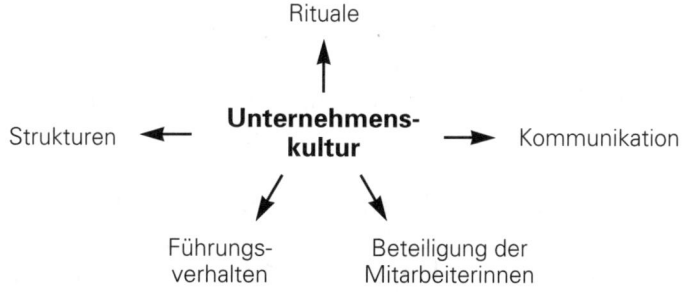

Abb. 21: Aspekte der Unternehmenskultur

rellen Voraussetzungen mit dem Ziel der Wettbewerbsfähigkeit zu verändern, es ist darüber hinaus entscheidend, inwieweit die „offiziellen" Werte, Überzeugungen etc. gelebt und ob sie innerhalb des Unternehmens akzeptiert werden. In Fußballmannschaften spricht man neuerdings vom „team-spirit", jenem gemeinsamen Geist, der zu gemeinsamer Anstrengung anspornt – oder auch nicht. Allerdings, und das macht die Schwierigkeit aus: Der gemeinsame Geist lässt sich fördern, aber nicht erzeugen. Wegen der Schwierigkeit, eine Unternehmenskultur zu planen, können hier auch nur sehr allgemeine Determinanten aufgezeigt werden, an denen konkretes Führungshandeln gemessen werden kann, wenn Führungskräfte sich auf den Weg machen, die Unternehmenskultur zu transformieren. Wir beziehen uns hier auf ein Modell, das vor vielen Jahren für den Bereich des öffentlichen Dienstes entwickelt wurde, das aber für Freie Träger genauso Gültigkeit hat (Reichard 1973). Seinen praktischen Nutzen erhält dieses Modell dadurch, dass es Anregungen gibt, die für eine Mitarbeiterbefragung genutzt werden können.

- Transformationsfaktor: „Besitzerstolzeffekt"
  Wenn Mitarbeiterinnen bei der Gestaltung der Ziele und Programme eigene Vorstellungen in das betriebliche System einbringen können, entsteht bei ihnen ein Gefühl der inneren Übereinstimmung mit der Gesamtorganisation, das dadurch zu erklären ist, dass man ja einen ‚eigenen' Anteil am Zielsystem besitzt.
- Transformationsfaktor: Zielakzeptanz durch Auseinandersetzung
  Trägerwerte und gemeinsame Identität wachsen durch Auseinandersetzung mit ihnen. Gerade wertorientierte freie Träger sollten Gelegenheit bieten, sich mit den sie tragenden Werten auseinander zu set-

zen, sie (ggf. auch kritisch) zu hinterfragen, jedenfalls sich mit ihnen identifizieren zu lernen. Werte dürfen nicht vorausgesetzt, sie müssen kommunikativ vermittelt werden.

- Transformationsfaktor: Vermeidung von „Scheinakzeptanzen"
  Jede Form von Zwang führt zur scheinbaren Akzeptanz der verordneten Ziele mit der Folge, dass Mitarbeiterinnen versuchen werden, ihre Ziele bei der Durchführung durchzusetzen. Es kommt zu Diskrepanzen zwischen den offiziellen und den gelebten Zielen, was wiederum zu keiner gelungenen Außendarstellung führt. Dasselbe gilt für scheindemokratische Abstimmungsprozesse. Wenn die gelebte Kultur nicht mit der geschriebenen übereinstimmt, weil etwa Mitbestimmung versprochen, aber real verweigert wird, hat dies denselben negativen Effekt.

- Transformationsfaktor: Aufdeckung von „Konfliktladungen"
  Eine Auseinandersetzung mit den gelebten im Vergleich zu den angestrebten Werten kann zu krisenhaften Zuspitzungen führen, insbesondere dann, wenn es mit der Unternehmenskultur nicht zum Besten steht. Offene Diskussionen sind dabei allemal einem schwelenden Kleinkrieg vorzuziehen, weil in der offenen Diskussion Konflikturursachen besser erkannt, die Konfliktart eher bestimmt und Konfliktprozesse besser gesteuert werden können. Konstruktiv ausgetragene Konflikte können zudem „partizipatorische Effekte" erzeugen, d. h. sie können die Identifikation mit der Organisation erhöhen.

- Transformationsfaktor: Folgen der Diskussionen für die tatsächliche Arbeit
  Führungskräfte können für die Identifikation mit ihren Einrichtungen sicherlich nichts Verheerenderes tun, als eine Wertdiskussion durch konträres Verhalten ad absurdum zu führen. Wenn sie beispielsweise einen kooperativen Führungsstil proklamieren, gleichzeitig aber eher autoritär leiten, hat eine solche Verhaltensweise demotivierenden Charakter und eine gegenteilige Wirkung. Positiv ausgedrückt: Die gepredigten Werte müssen praktisch spürbare Folgen haben.

Reichardt setzt eine dezentrale Organisation für das Gelingen der Transformation von Unternehmenskulturen voraus und bestätigt damit das, was unter anderen Vorzeichen schon als Grundbedingung eingeführt wurde: „Dem Untergebenen (soll) in seinem Subsystem ein möglichst weitreichender, selbständiger, aber auch mit dem Umsystem koordinierter Zielsetzungs-Freiraum (Regelbereich) zugebilligt" werden (Reichardt 1973, 66).

```
Team - Spielregeln

1.  Ich bin o.k. - Du bist o.k. - Wir sind o.k.
    Akzeptanz ist Grundvoraussetzung unserer Zusammenarbeit.
2.  Regeln gelten für alle - alle mahnen Regeleinhaltung an.
3.  Wir versuchen immer die Sache in den Mittelpunkt zu stellen,
    nicht unser eigenes Wohlbefinden!
4.  Wir üben konstruktive Kritik und ertragen sie!
5.  Versteck dich nicht hinter Scheinargumenten!
6.  „Teufels-Advokaten-Rolle" zulassen: Lass zu, dass jemand ge-
    gen deine Position argumentiert!
7.  Im Team gilt das Prinzip der Delegation und Berichterstattung.
8.  Wir pflegen offene Information!
9.  Die Gesprächsleitung versucht Konflikte zu moderieren, statt
    sie eskalieren zu lassen!
10. Es findet keine Teamsitzung ohne Protokoll statt.
```

Abb. 22: Gesprächsregeln eines Kita-Teams (Beispiel)

4.8   Effektive Teamarbeit einführen

Häufig wird, wenn die Teamsituation unbefriedigend ist, eine Teamsupervision empfohlen. Dies kann im Einzelfall sinnvoll sein, insbesondere dann, wenn die persönlichen Beziehungen sehr verkettet sind. Die hier vorgeschlagenen fünf Schritte zur effektiven Teamarbeit sind insofern nur möglich, wenn die grundsätzliche Fähigkeit der Teammitglieder gegeben ist, konstruktiv miteinander zu arbeiten. Das Modell ist einer industriellen Teamentwicklung (Thieme-Führer 1998) entnommen, allerdings stark verändert und für das Kita-Unternehmen angepasst.

1. Schritt: Beschluss einer Teamsatzung.   Als erster Schritt müssen die strukturellen Voraussetzungen geklärt werden. Grundfragen sind: Welche Kompetenzen werden dem Team gegeben? Wie ist das Team in die Gesamtorganisation eingepasst? Welche Entscheidungsvorbehalte gibt es bei der Leitung und dem Träger? Die organisatorischen Festlegungen werden in einer Satzung verankert, die der Träger verabschiedet.

2. Schritt: Festlegung der Teamstruktur.   Die innere Strukturierung bestimmt das Team selber. Dazu gehören Regelungen zu Rahmenbedingungen der Teamarbeit (Zeitdauer, Abstimmungsregeln, Tagesordnung,

Sitzungsleitung, Protokollführung) und Gesprächsregeln. Abb. 22 beschreibt Teamregeln, die sich ein Team erarbeitet und auferlegt hat. Auch hier ist das Prinzip der Authentizität wichtig: Die Regeln müssen zu diesem Team passen. Methodisch kann z .B. ein Brainstorming zu den Vorstellungen über die Grundlagen der angestrebten Teamarbeit hilfreich sein.

3. Schritt: Teammitglieder übernehmen die Sitzungsleitung. Die Sitzungsleitung kann in einem festgelegten Turnus wechseln. Damit übernimmt eine Kollegin die organisatorischen Aufgaben (Tagesordnung, Gesprächsführung), während die Leiterin in die Rolle eines Teammitglieds, allerdings mit einer besonderen Position, wechselt.

4. Schritt: Das Team arbeitet selbstgesteuert. Das Team vergibt Projektaufträge an Mitglieder, die diese eigenverantwortlich weiterverfolgen, dem Team berichten und ggf. Hilfe anfordern. Die Leiterin übernimmt die Schnittstelle zum Träger (Abb. 23).

5. Schritt: Regelmäßige Evaluation der Teamarbeit. Das Team evaluiert sich selbst und erreicht dann die höchste Effektivität, wenn es sich selbst „managt", d. h. seine eigenen Fehlerquellen entdeckt und verbessert. (In Checkliste 2 findet sich ein Evaluationsbogen, der sich schon in vielen Teams als Auswertungshilfe bewährt hat.)

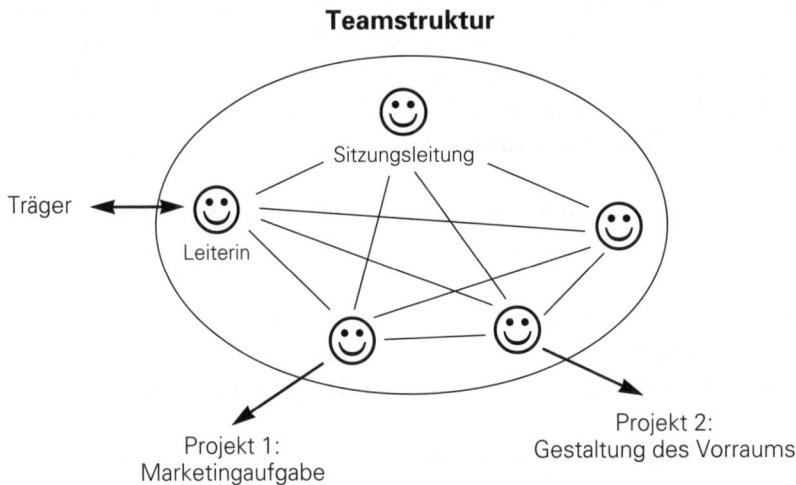

Abb. 23: Die Teamstruktur

Einmal im Jahr wird das Team selbst zum Thema: Notwendiger Veränderungsbedarf wird evaluiert und beschlossen. Eine externe Moderation kann bei dieser Aufgabe hilfreich sein.

Checkliste 2

„Harte Faktoren"	Sind die Regelungen zu Rahmenbedingungen der Teamarbeit befriedigend? (Zeitdauer, Abstimmungsregeln, Tagesordnung, Teamleitung)
Teamklima	Ist das Team eine Ansammlung von Einzelkämpfern, oder arbeiten wir zusammen? Sind die Mitarbeiterinnen zur Teamarbeit motiviert? Tue ich etwas für die Verbesserung des Teamklimas (Mithilfe bei Festen, Übernahme von Aufgaben, Anerkennung für gelungene Aktionen)?
Teamziele	Gibt es Arbeitsziele für unser Team? Ist klar, was das Team entscheiden darf und was nicht?
Kommunikation	Wie geht das Team mit Kritik um? Halten sich die Teammitglieder an gemeinsame Absprachen? Bemühen sich alle um sachliche, aber freundliche Beziehungen zu den Teammitgliedern?
Sitzungsleitung	Ist die Teamführung ergebnisorientiert? Sorgt sie für die Einhaltung der Regeln? Gibt es Unstimmigkeiten bei den Entscheidungen?
Zeiteffizienz	Sind alle auf die Sitzung vorbereitet? Wird auf Zeiteffizienz Wert gelegt? Bleiben die Mitarbeiterinnen am Thema? Werden die Ergebnisse kontrolliert? Sind die Teamsitzungen ergebnisorientiert?
Gegenseitige Unterstützung	Werden Aufgaben gerecht delegiert? Finden sich leicht Freiwillige für gestellte Aufgaben?

Checkliste 2: Checkliste zur Teamarbeit

5 Finanzierung, Budgetierung und Controlling

5.1   Einführung in die „Neuen Steuerungsmodelle"

Die Finanzierungsgrundlagen der sozialen Einrichtungen verändern sich in rasanter Weise und sind, insbesondere auf kommunaler Ebene, nur im Zusammenhang mit den so genannten „Neuen Steuerungsmodellen" (NSM) zu verstehen, die Kernpunkt der Veränderungen sind.

Den sozialen Diensten wird vorgeworfen, sie seien zu bürokratisch, zu ineffizient und schlicht zu teuer (Klug 2000a). Die öffentliche Debatte, die unter dem Stichwort „Umbau des Sozialstaates" geführt wird, hat zu einem starken Druck auf die Kommunen geführt. Ihre traditionellen Finanzierungsmodelle, meist pauschale Zuschüsse, wurden als verschwenderisch (Meyer 1997, 161) gebrandmarkt. Die Instrumente, mit Hilfe derer die „Krankheit" des Sozialstaates geheilt werden soll, sind Methoden des freien Marktes: Sozialen Einrichtungen soll es nicht anders ergehen als jedem anderen Unternehmer auch, was zur Dienstleistungsorientierung und „Mikro-Ökonomisierung" führen sollte (Zimmer 1996). Im Einzelnen sind folgende Elemente für die Kita relevant (Brülle et al. 1998):

- Wettbewerb zwischen den Anbietern
  Anstelle von Monopolen und Gebietsabsprachen soll eine Vielzahl von Trägern miteinander um Kunden konkurrieren, darunter auch privat-kommerzielle Anbieter.
- Kundenorientierung
  Der Nutzer soll mit seiner Entscheidung dazu beitragen, dass nur noch qualitativ hochwertige und preislich akzeptable Anbieter überleben.
- Dezentrale Ressourcenverantwortung
  Budgets (sowohl Zeit als auch Geld) sollen möglichst dezentral verwaltet werden, d. h. nicht mehr zentral von Verwaltungen, sondern von den Kitas selbst.

■ Kontraktmanagement

„Die zentralen Steuerungsgrößen in den NSM sind nicht Verfahren und Regeln, sondern Ergebnisse, die auf vorab definierte Ziele bezogen und entsprechend über Kontrakte festgehalten werden, ... die zentrale Steuerungsgröße für outputorientierte Steuerung ist das ‚Produkt' ... Dieses bezeichnet das Ergebnis eines Produktionsprozesses" (Brülle et al. 1998, 59). Mit anderen Worten: Es wird nicht mehr pauschal angenommen (und finanziert), dass die Kita qualitativ Hochwertiges leistet, sie muss es vielmehr durch das konkrete Ergebnis („Output") nachweisen.

Mit den NSM, die in vielen Bundesländern als Grundlage öffentlicher Finanzierung bereits angewendet werden, haben sich die Abrechnungsmodalitäten zwischen den Kommunen und den Freien Trägern völlig verändert. Während es früher Pauschalzuschüsse gab (z. B. 80 % der Gesamtkosten), geht die öffentliche Finanzierung dazu über, nur noch den „Output", d. h. die tatsächlich erbrachte Leistung zu bezahlen. Dadurch wird das betriebswirtschaftliche Risiko auf die Freien Träger verlagert. Gleichzeitig erhalten sie aber Freiheit in der Gestaltung ihrer Leistungen. Die Kommunen und Länder ziehen sich aus der „Beurteilung" der Kitas zurück und beschränken sich lediglich auf die Überwachung der gesetzlichen Rahmenbedingungen. Selbst diese Restverantwortung ist noch umstritten. Das Deutsche Institut für Wirtschaftsforschung schlägt unabhängige Überwachungskommissionen vor, die die Qualitätssicherung kontrollieren sollen (Spautz 2000).

Ob eine Kita weiter besteht, entscheidet in letzter Konsequenz nicht das Amt oder eine Behörde, sondern die Akzeptanz bei den Eltern. Am Beispiel der Altenhilfe lässt sich ablesen, wie das Instrument der „Konkurrenz" wirken soll: Private Anbieter von Dienstleistungen konkurrieren mit verbandlichen, und diese konkurrieren untereinander um die beste Leistung zum niedrigsten Preis. Es besteht kein Anlass, daran zu zweifeln, dass, ebenso wie im Pflegesektor, im Kita-Bereich private Anbieter sich hohe Marktanteile sichern können, wenn die Finanzierungsgrundlagen günstig sind.

Auch wenn die Kundensouveränität nicht vollständig verwirklicht werden sollte, wenn es also weiterhin eine direkte Objektfinanzierung geben wird, wird diese keine Pauschalfinanzierung mehr sein. Vielmehr legen die NSM so genannte Leistungsverträge nahe, d. h. bestimmte Leistungen werden nach öffentlichen Ausschreibungen vergeben, in der ein Anbieter, etwa eine Kita, Preis und Leistungsumfang als Angebot einreichen muss. Dieses Verfahren, das etwa der Berliner Senat 1996 beschlossen hat (Drucksache 12/3556 II. Bd. 36 d), soll auf diese Weise den „Marktpreis" ermitteln.

Mit der marktwirtschaftlichen Orientierung der sozialen Dienste wächst der Zwang, die Instrumente der NSM offensiv zu nutzen. In erster Linie braucht das Kita-Unternehmen, wie in diesem Buch bereits dargelegt, marktwirtschaftliches Denken, das sich in konsequenter Kundenorientierung, Qualitätspolitik und Personalmanagement zeigt. Außerdem ist es notwendig, Kosten und Leistungen je Einrichtung zu erfassen, Controllingsysteme und ein ausreichendes Berichtswesen einzuführen.

5.2   Die neuen Finanzierungsgrundlagen

Es ist nicht einfach, allgemeine Aussagen über die Finanzierungsgrundlagen der Zukunft zu machen, zumal diese von den politischen Mehrheiten in den Bundesländern ebenso abhängen wie von der Entwicklung der öffentlichen Kassen. Aber es gibt Hinweise, die sich wohl verallgemeinern lassen und den derzeitigen Trend beschreiben. Das Deutsche Institut für Wirtschaftsforschung schlägt, ganz in der Logik der NSM, Folgendes vor: „Die staatliche Förderung muss von einem staatlichen Auftragswesen und der Objektförderung hineinentwickelt werden zu einer echten Subjektförderung. Dadurch wird zukünftig das Angebot über die Nachfrage geregelt. Und nur dort, wo das Angebot angenommen wird, fließen auch die staatlichen Mittel hin, weil ja die Eltern als Subjekt die Mittel erhalten." (Spautz 2000, 12). Die Überlegungen der Bayerischen Staatsregierung gehen in die gleiche Richtung: Man müsse Eltern das Geld in die Hand geben, das bislang direkt den Trägern pauschal zugeflossen ist; die Subjektförderung (Eltern) müsse die Objektförderung (Kita) ablösen. Den vorläufigen Höhepunkt dieser Entwicklung stellt derzeit Hamburg dar. Ab 2002 wird das Bundesland wahrscheinlich die „Kita-Card" einführen. Die Kita-Cards können die Eltern zukünftig beim Kindergarten ihrer Wahl einlösen (DIE ZEIT, 15.6.00). Denkbar sind verschiedene Ausgangspunkte für die Finanzierung:

- Zeitliche Nutzung: Die Zahlung orientiert sich an Öffnungs- und Nutzungszeiten, Eltern zahlen nur die tatsächlich geleistete Nutzungszeit.
- Pädagogischer Aufwand: Neben einer Grundfinanzierung werden Gelder für bestimmte Zielgruppen bereit gestellt, deren Betreuungs-

aufwand höher ist als der durchschnittlicher Gruppen (z. B. Behinderte, ausländische Kinder).

■ Qualitätsniveau: Zahlungen orientieren sich an dem erreichten Qualitätsniveau. Dieses kann beispielsweise durch QM-Systeme oder durch speziell geschultes Fachpersonal nachgewiesen werden.

Das in Bayern erprobte Modell der „markt- und qualitätsorientierten Steuerung" weist den Weg, in den die Finanzierung mit einiger Sicherheit münden wird: Künftig wird es ertragstechnisch keinen Unterschied mehr geben zwischen dem „Verkauf" einer Banane oder der Dienstleistung einer Einrichtung zur Pflege der Kinder. Die Leistung am Kind wird bezahlt. Wie der Träger seine Betriebskosten deckt, ob mit den erzielten Einnahmen, mit zusätzlichen Beiträgen, ob mit Spenden oder Subventionen der Kirchen – alles das bleibt ihm überlassen. Ob allerdings die Kirchen unter diesen Umständen bereit sind, mögliche Fehlbeträge auszugleichen, ist ebenso fraglich wie ordnungspolitisch fragwürdig. Dem Wettbewerb entgeht man nicht durch Subventionen, man kann sich ihm nur durch Leistung stellen. Es ist anzunehmen, dass sich derartige Finanzierungsmodelle durchsetzen werden. Es ist der erkennbare Wille des Gesetzgebers, den Wettbewerb zwischen den Anbietern auszuweiten, und die Entscheidung des Kunden ausschlaggebend für Erfolg oder Misserfolg werden zu lassen. Das bedeutet, dass es auf keinen Fall einen Defizitausgleich geben wird und dass sich der Kostenträger, die Gemeinde und der Staat, zukünftig weitgehend aus der Regulierung der Kindergärten heraushalten wird. Deshalb muss allen Beteiligten klar sein: Nicht mehr das Bemühen, sondern das tatsächliche Ergebnis, orientiert an marktwirtschaftlichen Kriterien, zählt. Aus der bislang sicher finanzierten Kita muss ein rechnendes, kalkulierendes und marktorientiertes Unternehmen werden. Damit sind die Kitas auf betriebswirtschaftliche Steuerung angewiesen.

Ein Wort zum neuerdings von vielen sozialen Organisationen entdeckten „Sponsoring". Münzenloher (1997, 18) beschreibt es so: „Social Sponsoring ist eine Finanzierungsform mit einem Nutzen für beide, für den Sponsor ebenso wie für den Gesponserten. Einerseits erhält die soziale Einrichtung Geld für ein bestimmtes Projekt, andererseits ergibt sich für das Unternehmen eine Steigerung des Bekanntheitsgrades in der Öffentlichkeit. Das Ganze wird vertraglich vereinbart." Gesponsert – so die Definition – werden „Projekte", d. h. zusätzliche Leistungen (Ausstellungen, Jubiläum), keinesfalls der Normalbetrieb. Sponsoring kann nicht mangelnde wirtschaftliche Kompetenz ersetzen, sondern setzt wirtschaftliche Kompetenz geradezu voraus. Denn der Einsatz von Sponsoring-Maßnahmen muss exakt geplant und durchgeführt werden, sonst verkehrt sich der Effekt ins Gegenteil. Sinnvoll ist Sponsoring dann, wenn sich ein Projekt der Kita in idealer Weise mit einem Produkt des Sponsors verbinden lässt, beispielsweise die Anlage eines Kita-Teichs mit einem Landschaftsgärtnereibetrieb. Dann ist die Gefahr nicht gegeben, sich mit einem Sponsor zu verbinden, dessen Produkte für das Image der Kita schädlich sind (Münzenloher 1997).

Alles in allem wird die Finanzierung wohl einfacher und schwerer zugleich werden. Einfacher, weil sie in der Hand des Trägers liegt und dessen Fähigkeiten gefragt sind, Marktprozesse zu beobachten und betriebswirtschaftlichen Gegebenheiten Rechnung zu tragen. Schwerer, weil die alten Sicherheiten wegfallen. Es ist in Zukunft wohl nicht mehr möglich, Differenzen dadurch zu „bereinigen", indem man „zusätzliche Mittel ... beim Träger der Tagesstätte beantragt", wie eine Autorin in einem Beitrag über „betriebswirtschaftliche Aspekte in der Kindertagesstätte" vorschlägt (Münzenloher 1998, 106). Eine solche Verschiebung der Verantwortung wäre auch alles andere als wirtschaftlich.

5.3 Betriebswirtschaftliche Grundlagen der Budgetierung

Die betriebswirtschaftlichen Steuerungsinstrumente in Bezug auf Finanzen sind Budgetmanagement und Controlling. Beides soll hier ausführlich dargestellt werden. Zunächst die Grundsätze, von denen auszugehen ist:

- Budgets geben den finanziellen Rahmen vor, der für die Gestaltung der einzelnen Aufgaben zur Verfügung steht. Es gibt die Möglichkeit, für einzelne Posten Budgets auszuweisen (z. B. Fortbildung, Spielmaterial). Besser sind Globalbudgets, die für den gesamten Betrieb verwendet werden können, ohne im Einzelnen festzulegen, wieviel Geld für welche Haushaltsposten ausgegeben wird. Die Einrichtung kann dann ihre eigenen Schwerpunkte setzen.
- Budgets sind der Natur nach begrenzt. Eine Überschreitung ist nicht zulässig. Ein Vorgriff auf das kommende Jahr ebenfalls nicht.
- Dagegen ist eine Übertragung von nicht ausgegebenen Budgetresten auf das Folgejahr möglich. Die erwirtschafteten Mittel verbleiben in der Einrichtung, und so kann die Einrichtung besser von geleisteten Einsparungen profitieren.

- Budgetierung erfordert klare Verantwortlichkeiten. Dadurch erlangt die Kita einen Handlungsspielraum, der es erst ermöglicht, selbständig zu arbeiten. Kostentransparenz ist hierbei ein entscheidendes Mittel: Welche Stelle verursacht welche Kosten, welche Stelle erwirtschaftet welche Erlöse?
- Die „andere" Seite der Budgetierung ist das Controlling, das sich allerdings nicht nur auf die finanziellen Budgets bezieht. Vielmehr bezeichnet Controlling generell den Prozess der Beschaffung und Bewertung von Informationen im Hinblick auf zu treffende Entscheidungen. Durch eine vorhergehende Analyse, welche Größen für die Planung und Steuerung eines Betriebs- oder Politikbereiches wesentlich sind, konzentriert sich die Datenbeobachtung auf die Fakten, die für die Führungskräfte entscheidungsrelevant sind. Unter das Controlling fallen also auch Daten nicht finanzieller Natur (z. B. Zahl der Neuaufnahmen), aber eben auch Zahlen die Einhaltung der finanziellen Budgets betreffend.

Angesichts der mit den Neuen Steuerungsmodellen (NSM) verbundenen marktwirtschaftlichen Philosophie führt kein Weg an einer betriebswirtschaftlichen Bewertung der Leistung einer Kita vorbei. Insbesondere bedarf es einer Zusammenführung der Ergebnis- und der Kostenverantwortung. Die Planung eines Budgets setzt die Berechnung von Erlösen und Kosten voraus. Dabei sind folgende Größen relevant:

Erlöse. Erlöse sind in der Regel die Einnahmen aus Elternbeiträgen, Zuschüsse, Spenden, sonstige Einnahmen (z. B. Zinsen auf Festgelder etc.).

Kosten. Kosten (siehe Abb. 24) sind alle Aufwendungen, die in einer Organisationseinheit direkt oder indirekt (z. B. durch Mitbeteiligung an Gemeinschaftseinrichtungen) entstehen. Es gilt der Grundsatz, dass die Kosten exakt zuzuordnen sind. Mit den im Folgenden dargestellten Arbeitsschritten kann eine Zusammenführung der Ergebnis- und der Kostenverantwortung erfolgen, ein entscheidender Schritt für die Bewältigung der Budgetierung, aber auch der Flexibilisierung der Verwaltung.

Zunächst werden die *Kostenarten* festgelegt: Entstehende Kosten werden in einem ersten Schritt nach Hauptgruppen „sortiert" (z. B. Personal-, Sach-, Verwaltungskosten). Im nächsten Schritt werden diese Kosten auf die Stellen verlegt, wo sie entstehen, nämlich auf *Kostenstel-*

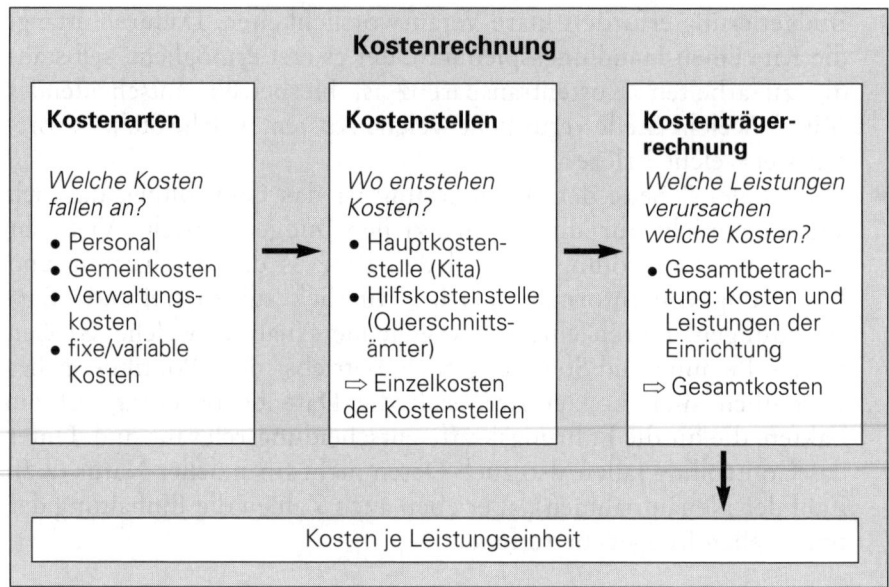

Abb. 24: Kostenrechnung (Tippelt 1998, 118)

len (z. B. eine Kita). Auf der Kostenstelle einer Kita beispielsweise fallen Kosten für das Kitapersonal an, aber auch Personalkosten, die umgelegt werden, wenn z. B. ein Hausmeister für viele Einrichtungen zuständig ist. Anteilig werden Kosten der Kostenstelle Kita belastet. Neben der Hauptkostenstelle fallen auch auf anderen Kostenstellen Kosten an, z. B. in der Verwaltung. Sie kann ihre Leistungen für verschiedene Kitas erbringen und ihr die Kosten in Rechnung stellen.

Im dritten Schritt kann dann berechnet werden, was die Leistungen der Einrichtungen kostet. Die Kosten eines Monates des Betriebes einer Kita können dann genau beziffert werden in den verschiedenen Kostenarten bezogen auf die verschiedenen Kostenstellen (*Kostenträgerrechnung*). Alle Kostenstellen zusammen ergeben in der Gesamtbetrachtung die Gesamtkosten des Trägers. Exakt ist nun zu errechnen, wie viel eine Stunde einer Kitaleistung den Träger kostet, indem die Gesamtkosten der Kostenstelle durch die Betreuungsstunden geteilt wird. Nun weiß der Träger genau, wie viel er für die Betreuungsstunde „erlösen" muss, um kostendeckend zu arbeiten. Selbstverständlich kann ein Träger mit dieser Rechnung auch Kosten andere Leistungen berechnen, etwa die Kosten einer Verwaltungsleistung.

Leistungen.   Leistungen, die in den Kitas erbracht werden, sind differenziert zu erfassen, damit kalkuliert werden kann, was der Träger für die einzelne Leistung betriebswirtschaftlich aufwenden muss. Wie oben gezeigt, kann errechnet werden, was die Betreuungsstunde kostet. Damit ist auch zu kalkulieren, was es kostet, wenn Teams tagen, oder wenn Leistungen für den Träger erbracht werden.

Kosten- und Leistungsrechnung.   Die Gesamtbetrachtung: Leistungen werden den Kosten gegenüber gestellt, damit deutlich wird, welche Kostenstellen welche Leistungen zu welchem Preis erbringen. Diese Gesamtbetrachtung kann für jede Kita, für die Verwaltung und für den Träger insgesamt aufgestellt werden.

Controlling.   Controlling allgemein besteht in der Koordination von Plänen und Kontrolle (Knorr, Scheppach 1999), im engen Sinne der Budgetkontrolle bedeutet es die „Datenbeobachtung auf die steuerungs- und koordinationsrelevanten Fakten." (Tippelt 1998, 108) Die Ergebnisse der Beobachtung sind wichtige handlungsrelevante Fakten. Für die Finanzbudgets sind dies z. B. Einnahmen durch Elternbeiträge, Ausgaben für Fortbildungen und Spielmaterial.

Benchmarking.   Mit Benchmarking bezeichnet man den Vergleich mit erfolgreichen Einrichtungen. Gleiche Sachverhalte können nach dieser Vorstellung miteinander verglichen werden. So können beispielsweise Kosten- und Leistungsrechnung verschiedener Kitas verglichen werden, umso von Spitzenleistungen lernen zu können (Wehrmann, Abel 2000).

Für die Budgeterstellung bietet sich das Gegenstromverfahren an. Dieses geht davon aus, dass Daten vertikal, d. h. von der hierarchisch oberen Stelle (z. B. Träger) zur unteren transportiert werden und umgekehrt. Schritte dieses Verfahrens sind (Diedering 1994):

1. Buchhaltung teilt Vorjahreswerte mit und informiert über Rahmenrichtlinien (z. B. Änderungen in den Personalkosten, des Finanzrahmens etc.).
2. Die Kita meldet ihr Budget an, d. h. sie berechnet die Kosten und Erlöse auf der Basis der Vorjahres- und der aktuellen Zahlen. Dabei sind die finanziellen Ziele in Einklang zu bringen mit den in den Zielvereinbarungen getroffenen Leistungszielen.

3. Haushaltsverhandlungen zwischen Budgetverantwortlichen (Kita-Leiterin) und Gesamtverantwortlichen.
4. Genehmigung des Budgets
5. Controlling der Budgets durch Kostenstellenverantwortliche (monatlich, quartalsmäßig je nach Ergebniswerten)
6. Analytische Auswertung: Was verursacht (zu) hohe Kosten, wie können wir effizienter arbeiten?

Unabdingbar für eine gelingende Budgetierung ist der EDV-Einsatz, so dass die Kosten und Erlöse ständig kontrolliert werden können (Kronberger Kreis 1998).

5.4.   Controlling-Verfahren: Die Balanced Scorecard

Bislang haben wir das Controlling lediglich unter dem finanziellen Aspekt betrachtet, obwohl es, wie an anderer Stelle (siehe Kapitel 5.3.) ausgeführt, viele andere Daten gibt, die entscheidungsrelevant sind und deshalb einem Controlling-Verfahren unterworfen werden müssen. Ein Verfahren, das alle wichtigen Faktoren dauernd zu beobachten verspricht, ist die so genannte Balanced Scorecard. Die Idee ist, mit einem geregelten Verfahren mittels eines schriftlichen Berichtswesens („scorecards") die Finanz-, Kunden-, Mitarbeiter- und Qualitätsdimension so zu steuern, dass keine der vier Dimensionen aus dem Blick gerät und alle vier in einer Balance („balanced") sind. Diese Konzeption, die inhaltliche Kriterien ebenso berücksichtigt wie finanzielle, ist in der Sozialen Arbeit besonders im Hinblick auf die Anforderungen aus den NSM berechtigt, wird diesen doch vorgeworfen, sie reduzierten Soziale Arbeit allein auf das Finanzmanagement. Diese Kritik ist dann berechtigt, wenn das Controllingsystem sich allein auf die finanziellen Aspekte bezieht. Dies muss aber nicht so sein.

Das Controlling-System der Balanced Scorecard (BS), das hier vorgeschlagen wird, ist ein umfassendes Planungs- und Kontrollinstrument, das diesen Fehler – Auseinanderdriften von sachlichen und finanziellen Zielen – beheben soll. Finanzen und Fachlichkeit kommen dann nicht zusammen, wenn sie mit verschiedenen Abteilungen vereinbart werden und der Finanzbedarf die zu erbringenden Leistungen nicht ausreichend decken kann. Traditionell ist es so, dass von den pädagogischen Fachkräften fachlich sinnvolle Ziele entwickelt werden, die aber nicht mit dem häufig vom Träger verwalteten Finanzbudget abgestimmt sind.

Hier muss ein integriertes Planungs- und Kontrollsystem Abhilfe schaffen. Mit dem im Folgenden vorgestellten Instrument der Budgetierung in Verbindung mit dem System der Balanced Scorecard kann es gelingen, fachliche und finanzielle Ziele zu verbinden.

Die BS setzt dezentrale Verantwortlichkeiten voraus, sie geht davon aus, dass nach vereinbarten Entscheidungen (Zielvereinbarungen) der Vorgesetzte nur noch im klar definierten Ausnahmefall Eingriffe vornimmt. Mit dem Führungsinstrumentarium „Führung durch Zielvereinbarung" werden Vereinbarungen getroffen und dokumentiert, kontrolliert werden sie mit der BS. Damit wird ein weiterer Fehler vermieden, der sich häufig im Zusammenhang mit der Einführung des Führungsinstrumentariums „Führung durch Zielvereinbarung" einschleicht: Die vereinbarten Ziele werden nicht kontrolliert, die Umsetzung bleibt vage. Ohne Dokumentation und Kontrolle verliert das beste Instrumentarium seinen Sinn. Die BS ist ein Controllinginstrument, mit dem „Führung durch Zielvereinbarung" sinnvoll ergänzt werden kann.

Die Idee der BS kommt den Zielen von Nonprofit-Organisationen entgegen: Sie basiert auf der Erkenntnis, dass trotz der Wichtigkeit monetärer Größen nicht-finanzielle Größen (z. B. die Mitarbeiterzufriedenheit) als „Treiber" unternehmerischen Erfolgs fokussiert werden sollten (Berens et al. 2000). Auf diese Weise findet ein Ausgleich zwischen „harten" (z. B. finanziellen) und „weichen" Daten (z. B. Lernperspektive) statt. Die Basis bei der Entwicklung der BS bildet stets die Unternehmensvision und die daraus abgeleiteten Strategien. Auch diese Einsicht der BS kommt einem wertorientierten Unternehmen entgegen. Die Vision wird in den vier Teilbereichen, die wir anschließend entfalten, operationalisiert. Die BS erfüllt demnach folgende Aufgaben:

- Sie ist Planungsgrundlage für die Maßnahmen und Budgets.
- Sie ist Grundlage für das Berichtswesen im laufenden Betrieb der Kita.
- Sie ist Strategie- und Steuerungselement für die strategischen und operativen Entscheidungen.

Dies alles steht in Verbindung mit einer Gesamtstrategie der Einrichtung, die aus ihrer Vision, ihren Unternehmensgrundsätzen entwickelt wird. Hier ist die Schnittstelle zwischen den strategischen Zielen, die in den Zielvereinbarungsgesprächen erarbeitet wurden, und den Budgetplanungen.

Die BS also ist ein Strategie- und Controllingkonzept, mit dem die wichtigsten Erfolgsfaktoren eines Unternehmens von der Vision ausge-

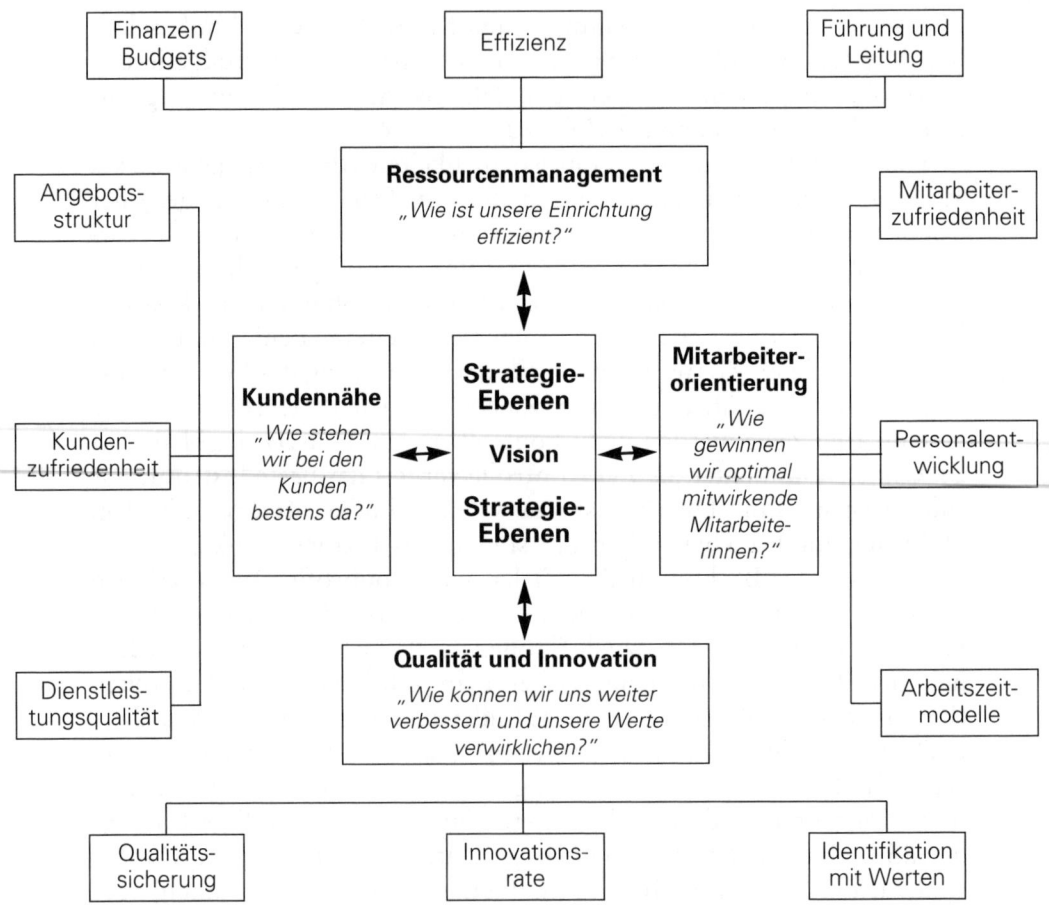

Abb. 25: Strategie-Ebenen im Kita-Unternehmen

hend geplant und anhand von zentralen Erfolgsgrößen überprüft werden können. Das zentrale Element ist die strategische Ausrichtung des Gesamtunternehmens, die sich in den strategischen Zielen der Teilbereiche widerspiegelt. Horvath (2000, 20) schreibt dazu: „Kern einer Strategie sollte ... die Bestimmung einer strategischen Positionierung im Sinne einer ‚einzigartigen und werthaltigen Marktposition‘ sein. Dazu müssen im Rahmen der strategischen Führung Erfolgsfaktoren definiert werden, mit denen sich ein Unternehmen ... gegenüber seinen Konkurrenten erfolgreich durchsetzen will.“

Die Erfolgsfaktoren aufstrebender Unternehmen sind in folgender Abbildung (Abb. 25) um die Vision und die Strategie-Ebene herum gruppiert. Im Einzelnen lassen sich die vier Bereiche, wie folgt, charakterisieren:

Ressourcenmanagement mit der Leitfrage „Wie ist unsere Einrichtung effizient?"

Dieser Bereich bezieht sich auf den Umgang der Einrichtung mit Ressourcen, insbesondere den finanziellen, personellen und zeitlichen Potenzialen, die der Einrichtung zur Verfügung stehen. Hier kann beispielsweise festgelegt werden, welche Budgetvorgaben eine Kita hat, Effizienzkriterien für Leistungen können festgelegt werden (z. B. eine Leistung muss kostengünstiger als bei der Konkurrenz angeboten werden; Leistungsausweitung oder Leistungskürzung). Aber auch die Führungsfrage ist eine entscheidende: Gelingt es der Führung, bestimmte Systeme zu implementieren (z. B. Führung durch Zielvereinbarung), arbeitet sie effizient oder braucht sie große Ressourcen, um ein Ziel zu erreichen?

Kundennähe mit der Leitfrage: „Wie stehen wir bei den Kunden bestens da?"

Hier finden die Überlegungen zur Kundenorientierung Eingang in das Controlling und die strategische Planung, die wir im Zusammenhang mit Marketing, Servicequalität und Marktforschung kennen gelernt haben. Die entscheidende Fragestellung ist, wie die Leistung auf den Kunden wirkt. Dies lässt sich über Befragungen (beispielsweise durch Elternbefragungen) erkennen. Auch die Angebotsstruktur und die Dienstleistungsqualität (Reklamationsquote, Grad der Elternmitarbeit) sind wichtige, präzise festleg- und überprüfbare Kriterien.

Mitarbeiterorientierung mit der Leitfrage: „Wie gewinnen wir optimal mitwirkende Mitarbeiterinnen?"

Der nächste Bereich, der strategisch zu planen und zu überwachen ist, ist die optimale Ausrichtung der Mitarbeiterinnen auf die strategischen Ziele des Unternehmens. Im Dienstleistungssektor wie dem Kita-Unternehmen sind motivierte Mitarbeiterinnen das wichtigste Kapital des Unternehmens, hier kommt der im sozialen Bereich bekannte Fokus auf soziale und kommunikative Faktoren zum Tragen. Für die Kita relevant ist sicherlich die Frage der Arbeitszeiten, die den Wünschen der Mitarbeiterinnen mehr oder weniger flexibel angepasst sein können, interessant ist aber auch die Notwendigkeit der Personalentwicklung. Deren Stand kann man sowohl an Faktoren wie z. B. der Fortbildungsquote als auch an Mitarbeiterbefragungen ablesen.

Qualität und Innovation mit der Leitfrage: „Wie können wir uns weiter verbessern und unsere Werte verwirklichen?"

Hier sollen die Qualitäts- und Innovationsziele in die Planung einbezogen werden. Damit wird die Bedeutung von Kreativität und Innovationsfähigkeit für ein lernendes Unternehmen deutlich. In diesen Bereich gehört das gesamte Instrumentarium der Qualitätssicherung, der Innovationsbereitschaft (ablesbar etwa an der Zahl der Verbesserungsvorschläge), aber auch der Identifikation der Mitarbeiterinnen mit den zentralen Werten der Einrichtung (überprüfbar durch Befragung).

In diesen vier Bereichen werden Ziele geplant, Maßnahmen zur Zielerreichung durchgeführt und die Ergebnisse der Führungskraft berichtet. Planung und Berichterstattung werden in so genannten „Scorecards" festgehalten. Damit die Übersichtlichkeit gewahrt bleibt, sollten nicht zu viele Ziele, sondern nur für den strategischen Erfolg entscheidende festgelegt werden (pro oben genanntem Bereich maximal drei). An diesen Steuerungsgrößen kann dann der Fortschritt in der Verfolgung der Strategie abgelesen werden. Überdies wird die Vernetzung der Ziele deutlich: Wenn Personal für bestimmte Bereiche geschult wird (Qualität und Innovation), können neue Produkte angeboten werden (betrifft den Bereich Kundennähe).

Es werden zwei miteinander zusammenhängende und aufeinander bezogene Vorgänge mit „Scorecards" dokumentiert: Die Zielcard und die Berichtscard. Die Zielcard dokumentiert die im Zielvereinbarungsgespräch festgelegten Zielgrößen, die Berichtscard die erfolgten Aktivitäten und die erreichten Ergebnisse. Für den Vorgesetzten ist damit der Überblick über den Stand der Dinge schnell gegeben. Im Idealfall können für jeden Bereich der BS folgende Daten dokumentiert werden (siehe Abb. 26; eine anschaulich ausgefüllte Scorecard ist zu finden in Kapitel 5.5., Abb. 29).

Da die BS ein zentrales Planungs- und Kommunikationsinstrument zwischen Führungskraft und Mitarbeiterin darstellt, sind die Kommunikationsabläufe für ihre praktische Durchführung entscheidend. Wie an Abbildung 26 zu sehen ist, werden die Planungen über die Zielcard dokumentiert. Diese Planungen sind Teil der Zielvereinbarungsgespräche, deren Ablauf an anderer Stelle (3.3.) schon beschrieben wurde. Inhaltlich betreffen die Vereinbarungen die bereits erläuterten Bereiche der Balanced Scorecard:

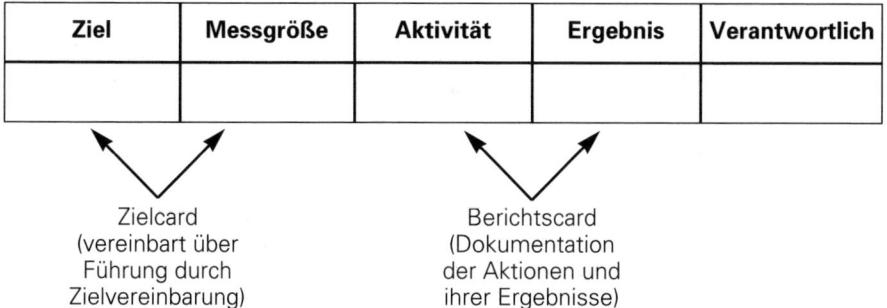

Ziel	Messgröße	Aktivität	Ergebnis	Verantwortlich

Zielcard
(vereinbart über
Führung durch
Zielvereinbarung)

Berichtscard
(Dokumentation
der Aktionen und
ihrer Ergebnisse)

Abb. 26: Balanced Scorecard

- Ressourcenmanagement
- Kundennähe
- Mitarbeiterorientierung
- Qualität und Innovation.

Insofern kann die BS als Führungsinstrument dienen (Wolter 2000, 13), sie konkretisiert die jährlichen Zielvereinbarungsgespräche und die Coaching-Gespräche zwischen Führungskraft und Untergebenem um inhaltliche Festlegungen. Zwischen den persönlichen Gesprächen empfiehlt sich eine ergänzende Kommunikation via E-Mail.

Kombiniert mit dem bereits erläuterten Führungsmodell „Führung durch Zielvereinbarung" ergibt sich ein in Abb. 27 dargestellter, vereinfachter Ablauf eines Zyklus von Zielvereinbarungen mit der Systematik der BS (Horvath 2000, 282). Beispiele, wie mit diesen „Scorecards" konkret gearbeitet werden kann, finden sich im folgenden Kapitel.

5.5 Controlling praktisch: Die Balanced Scorecard für Kitas

Die Balanced Scorecard (BS) als Strategie- und Controllingsystem dokumentiert mit der „Zielcard" zunächst das durch die Zielvereinbarungsgespräche entstandene Zielsystem. Nach Durchführung von entsprechenden Maßnahmen, die die Leiterin selbst verantwortet, werden die Ergebnisse der Maßnahmen in Form der „Berichtscard" dokumentiert und an den Vorgesetzten berichtet. Der Aufbau eines BS-Systems geschieht in folgenden Schritten:

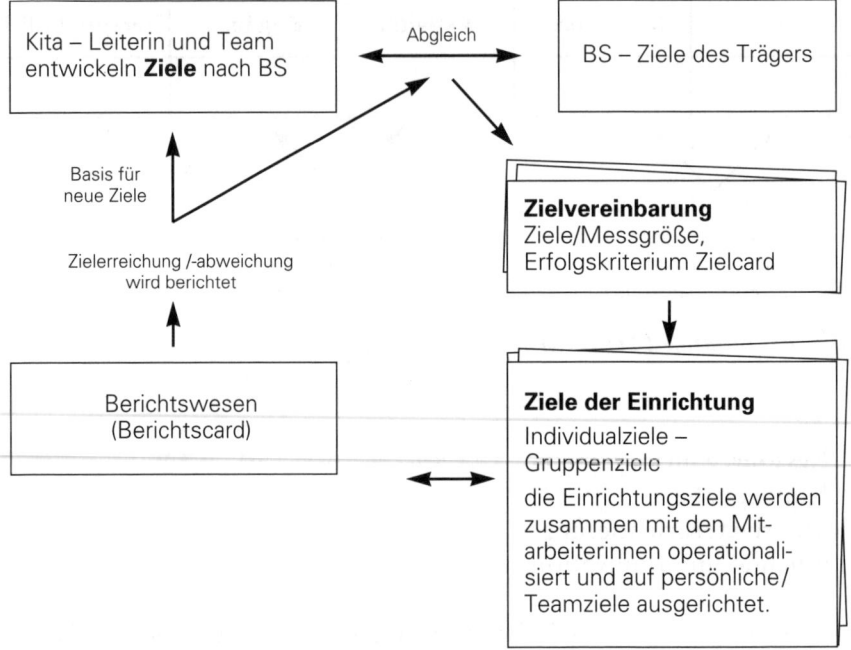

Abb. 27: Berichtswesen mit Berichtscard

1. Schritt: Formulierung einer Vision.   Dieser Schritt wurde bereits beschrieben (Kapitel 2.3.). Das Leitbild als Unternehmensgrundsatz oder Vision ist unabdingbare Voraussetzung für den Erfolg des Kita-Unternehmens.

2. Schritt: Ableitung von Zielen.   Die vereinbarten Ziele beziehen sich auf die Bereiche der BS und beschreiben die Zielperspektiven des nächsten Jahres. Der Träger muss seine strategischen Ziele formulieren und in den Zielvereinbarungsgesprächen jeweils auf die Einrichtungen hin formulieren. Beispiele von differenzierter Zielerarbeitung (Horvath 2000, 18):

Bereich Ressourcenmanagement
1. Finanzen
   Stabilität der Gesamtkosten
   Einnahmestruktur verbessern
2. Arbeitsabläufe
   Effizienz der Arbeitsabläufe sichern

3. Führung und Leitung
   Kooperativen Führungsstil entwickeln
   „Führung durch Zielvereinbarung" etablieren

Bereich Kundennähe
1. Angebotsstruktur
   Marktanteile erarbeiten
   Neue Kundensegmente erschließen
2. Kundenzufriedenheit
   Kundenbindung verankern
   Kundenzufriedenheit auf hohem Niveau halten
3. Dienstleistungsqualität
   Werte für Servicequalität auf hohem Niveau erreichen
   Beratungsleistung verbessern

Bereich Mitarbeiterorientierung
1. Mitarbeiterzufriedenheit
   Akzeptanz der Einrichtung bei den Mitarbeiterinnen beibehalten bzw.
   erhöhen
   Fluktuation auf niedrigem Stand halten
2. Personalentwicklung
   Qualifikationsstand der Mitarbeiterinnen beibehalten bzw. erhöhen
   System der persönlichen und fachlichen Weiterentwicklung der Mitarbeiterinnen etablieren
3. Arbeitszeitmodelle
   Flexible Arbeitszeitgestaltung einführen

Bereich Innovation und Qualität
1. Qualitätssicherung
   Höchstes Qualitätsniveau (Qualitätsstandards) erreichen
   Reaktionszeit auf Mängel verkürzen
2. Identifikation mit Unternehmenswerten
   Hohe Identifikation der Mitarbeiterinnen mit der Unternehmens-
   Identität
   Erlebnischarakter der Einrichtung verbessern
3. Innovationsrate
   Hohes pädagogisches Niveau, orientiert an neuesten Erkenntnissen
   Entwickeln von pädagogischen Modellen

Wie man für diese Ziele überprüfbare Kriterien findet, anhand derer Erfolg oder Misserfolg klar erkannt werden kann, ist Aufgabe der nächsten Schritte.

3. Schritt: Festlegung der einrichtungsspezifischen Ziele in Zielverein-barungsgesprächen. Selbstverständlich findet nur eine überschaubare Zahl von Zielen des Trägers in den Zielvereinbarungsgesprächen Raum, da zu viele Ziele eine Überforderung bedeuten würden. Vielmehr versuchen die Führungskräfte, die für die einzelne Kita zentralen Ziele herauszufinden. Es sollten realistische Ziele vereinbart werden, die motivierenden Charakter haben. Ohne eine gewisse Herausforderung verlieren Ziele ihren Sinn. Eine Zielcard für eine Kita sollte alle vier Bereiche im Gleichgewicht halten. Vereinbart werden die Ziele (ggf. noch Teilziele) und Messkriterien. Die Ergebnisse werden in das Protokoll des Zielvereinbarungsgespräches eingetragen. Für jeden Bereich wird eine BS angelegt. Am Beispiel der Mitarbeiterorientierung soll dies verdeutlicht werden. Die Leiterin vereinbart mit ihrem Vorgesetzten, die Kompetenzen der Mitarbeiterinnen zu verbessern. Die zu erreichende Messgröße – nach dem Zielvereinbarungsgespräch – trägt sie in den Spalten „Ermittlung der Messgrößen" und „Datenquelle" selbst in die BS ein. Wichtig ist dabei, sich möglichst konkret auf Messgrößen festzulegen, damit die Zielerreichung überprüft werden kann. Je klarer das Ziel benannt ist, desto weniger Schwierigkeiten gibt es bei der Auswertung (Eschenbach, Haddad 1999, 127). Eine Zielcard aus dem Bereich „Finanzen" könnte, wie in Abbildung 28 dargestellt, aussehen.

4. Schritt: Operationalisieren im Team. Die Ziele werden, wie bereits beschrieben, im Team in Teilziele operationalisiert. Dabei werden konkrete Aktionspläne entwickelt, im Team vereinbart, reflektiert und dokumentiert. Wichtig ist, Verantwortlichkeiten zu delegieren.

BS-Kategorie: Ressourcenmanagement (1), Teilbereich: Finanzen (1.1.)	
Zielcard:	Verantwortlich:
Ziel	**Messgröße**
Ziel 1 Verbesserung der Einnahmen durch Elternbeiträge	Verbesserung mindestens um 5% bis Ende des Kalenderjahres
Ziel 2 Neue Finanzierungsmöglichkeiten erschließen	Zusatzeinnahmen von 5.000 auf 7.000 steigern

Abb. 28: Zielcard der Balanced Scorecard

Checkliste 3

Steuerungsgrößen	Kennzahl	Möglichkeit der Daten-erhebung
Ressourcenperspektive		
Ertragssituation	positives/negatives Ergebnis der Abschlussbilanz	Abschlussbilanz
Stabilität der Personalkosten	positives/negatives Ergebnis der Abschlussbilanz	Abschlussbilanz
Kundenperspektive		
Neukundenanteil	Zahl der Neukunden	Jahresstatistik
Kundenzufriedenheit	Grad der Zufriedenheit mit den Leistungen	Elternbefragung
Dienstleistungsqualität	Zufriedenheit mit Freundlichkeit, Zuverlässigkeit etc.	Elternbefragung Zahl der Beschwerden
Mitarbeiterebene		
Mitarbeiterzufriedenheit	Grad der Zufriedenheit der Mitarbeiterinnen	Mitarbeiterbefragung
Personalentwicklung	Grad der Mitarbeiterqualifikation	Anzahl der Fortbildungen Neuerwerb von Zertifikaten
Arbeitszeitmodelle	Flexibilität der Arbeitszeiten	Mitarbeiterbefragung Einführung von flexiblen Teilzeitmodellen
Qualitäts- und Innovationsperspektive		
Qualitätssicherung	Höhe des Qualitätsniveaus	Einhaltung von Standards (z. B. Kronberger Kreis 1998)
Identifikation mit Unternehmenswerten	Grad der Zustimmung der Mitarbeiterinnen/ Führungskräfte zu zentralen Werten	Mitarbeiterbefragung/ Führungskräftebefragung
Innovationsrate	Grad des pädagogischen Niveaus	Zahl der innovativen Modelle, externe Überprüfung

Checkliste 3: Überprüfung der Steuerungsgrößen durch Datenerhebung

Zwischen den Ebenen gilt es, die Zusammenhänge herzustellen (Eschenbach, Haddad 1999). So sind die Wirkungsketten zu beachten: Beispielsweise senkt ein größerer Werbeetat zunächst den finanziellen Ertrag, erhöht aber möglicherweise die Anzahl der Neukunden und steigert somit den Ertrag mit einer gewissem Zeitverzögerung. Ebenso verhält es sich mit der Investition im Bereich der Personalentwicklung. Andererseits muss klar sein, dass sinkende Kundenzahlen zu geringeren Einnahmen und ggf. zu Personalabbau führen können.

5. Schritt Berichtswesen.   Die Zielkarte kann nun problemlos für alle Bereiche der BS angelegt werden, indem die für die einzelnen Ziele angelegten BS-Zielcards in den BS-Berichtscards weitergeführt werden. Dort werden die Aktionen kurz dokumentiert. Nochmals sei betont: Es dürfen im Arbeitsjahr nicht zu viele Ziele definiert werden, da dies eine Überforderung der Planungskapazitäten einer Kita-Leiterin bedeuten würde. Wichtig ist jedoch, dass die zentralen Steuerungsgrößen nicht aus dem Auge verloren werden.

In Anlehnung an Moos (2000, 86) soll Checkliste 3 den Zusammenhang zwischen Steuerungsgrößen, Kennzahlen (Messgröße) und der Möglichkeit der Überprüfung durch Datenerhebung verdeutlichen.

6. Schritt: Bilanzieren.   Die unterschiedlichen Bereiche erfordern unterschiedliche Bilanzierungszeiträume. So muss das Controlling der Finanzen mindestens monatlich erfolgen, während es ausreicht, die Mitarbeiterzufriedenheit einmal jährlich zu evaluieren. Ein kompletter Vorgang lässt sich mit dem oben entwickelten Formular an einem Beispiel illustrieren (siehe Abb. 29).

7. Schritt: Rückmelden.   Im Normfall greift im ganzen Prozess die „dezentrale Ressourcenverantwortung", d. h. die Durchführungskompetenz liegt bei der Leiterin. Allerdings gibt es eine Grenze, die das Eingreifen der Führungskraft nötig macht. Zu manchen Unternehmen wird ein Rückmeldeverfahren praktiziert, das wie eine Ampel funktioniert: „Grün" heißt: weitermachen wie bisher, „Gelb" bedeutet: auf den gekennzeichneten Bereich besonders achten, bei „Rot" greift die Führungskraft direktiv ein. Dieses Eingreifen ist selbstverständlich der extreme Ausnahmefall zur Verhinderung eines großen Schadens. Die Abschlussbilanz findet im jährlichen Zielvereinbarungsgespräch statt.

Steuerungsgröße: Mitarbeiterzufriedenheit			
Berichtscard		**Verantwortlich:**	
Ziel	**Messgröße**	**Aktion**	**Ergebnis**
Hohe MA-Zufrieden-heit	MA-Zufriedenheitsindex in der Befragung (von 3,6 auf mindestens 3,0) Krankheitstage Fluktuation	In Zielvereinbarungs-gesprächen gezielt auf Zufriedenheit eingegangen Befragung der Ausscheidenden Arbeitsbedingungen verbessert	Krankheitstage zurück-gegangen Mitarbeiterzufriedenheit konnte verbessert werden auf 3,1 Folge: Weitere Anstrengungen bezüglich Verbesserung der Arbeitsbedingungen (Teeküche, Arbeitszeiten)

Abb. 29: Balanced Scorecard (Bsp. Mitarbeiterorientierung)

5.6 Schritt für Schritt: Einführung des Budgetierungssytems

In vielen Kitas werden Ausgaben und Einnahmen noch in zeitlicher Folge vermerkt und z. T. zentral oder dezentral verrechnet. Erfolgsbilanzen oder Kosten einzelner Leistungen sind mit dieser Art der Buchhaltung nicht zu ermitteln. Genau dieses aber wird in Zukunft wichtig sein. Deshalb schlagen wir statt des herkömmlichen Rechnungswesens das Verfahren der Budgetierung vor (Diedering 1994, 84ff). Das im Folgenden vorgeschlagene Verfahren hat für die Kita-Arbeit entscheidende Vorteile:

- Budgetierung beschreibt klare Verantwortlichkeiten für Kosten und Erlöse und beseitigt damit die Grauzonen und Unsicherheiten, wer welche finanziellen Ausgaben tätigen darf.
- Budgetierung macht klar, welche Kosten tatsächlich entstehen, da alle anfallenden Kosten (z. B. auch Verwaltung des Trägers) einbezogen werden.
- Budgetierung ermittelt die Kosten auch für die Leistungen der Kita, die sonst niemand beachtet (z. B. Teamgespräche, Öffentlichkeitsarbeit etc.)
- Budgetierung macht eine präzisere Planung für das Folgejahr möglich.

■ Budgetierung zeigt Einsparmöglichkeiten auf, indem die Kosten-struktur transparent wird. Die Reaktionsmöglichkeiten der Kita stei-gen. Durch die Transparenz wird sie nicht mehr zum Opfer schein-bar nicht zu beeinflussender Kostenlawinen.

■ Budgetierung verschafft Daten über den finanziellen Spielraum, der zur Verfügung steht, um die Sachziele zu erreichen. Diese Informa-tion ist besonders in den Zielvereinbarungsgesprächen unentbehr-lich.

Diese Vorteile wiegen die Arbeit auf, die das Budgetierungssystem mit sich bringt. An dieser Stelle kann selbstverständlich nur in Grundzügen dargestellt werden, wie ein solches Modell schrittweise aufgebaut wer-den kann.

1. Schritt: Kostenstellen festlegen.   Grundregel ist beim ersten Schritt, die Kosten dort zu belasten, wo sie entstehen. Ein Träger mit vielen Ein-richtungen gliedert die Kostenstellen zweckmäßigerweise nach den Ein-richtungen:

Kosten-Stelle 1: Kindergarten St. Anna
Kosten-Stelle 2: Kindergarten St. Rita
Kosten-Stelle X: Allgemeine Verwaltung

Neben den Hauptkostenstellen (Einrichtungen) können Hilfskosten-stellen (Küche, Reinigung) festgelegt werden.

2. Schritt: Benennung von Verantwortlichen.   Für jede dieser Kosten-stellen muss jemand die Verantwortung übernehmen. Die Verantwortli-chen sollten diejenigen sein, die auch im Führungszyklus Zielvereinba-rungen abschließen. Ihnen wird die Aufgabe des Controlling über eine Kostenstelle übertragen. Dies bedeutet, die Verantwortung für die Ein-haltung des Haushaltsplans der Kostenstelle zu übernehmen. So wird

Tab. 7: Übersicht Kostenstellen

Kostenstelle Nr. Bezeichnung	Kostenstellenverantwortliche
1: Kindergarten St. Anna 2: Kindergarten St. Rita X: Allgemeine Verwaltung	Leiterin Fr. Müller Leiterin Fr. Mayer Geschäftsführerin Fr. Obermeier

die Kostenstellenverantwortliche auch das Ausgabeverhalten ihrer Unterstellten überprüfen müssen. Die Sachbearbeiter in der Buchhaltung müssen wissen, wer für die entsprechende Kostenstelle verantwortlich ist.

3. Schritt: Kostenarten festlegen.   Um festzulegen, welche Art von Kosten entstehen, werden Kostenarten definiert. Folgende Hauptkostenarten kommen in Frage: Personalkosten, Sachkosten, Verwaltungskosten, Abschreibungen. Je nach Differenzierungsbedarf können diese Hauptkostenarten noch weiter differenziert werden. Die Kostenarten werden in einem Kontenplan festgehalten.

Es gibt in der Praxis der Kita-Budgetverwaltung Kostenarten, die günstigerweise zentral vom Träger verwaltet werden, z. B. Bauunterhalt oder Löhne. Dies ist sinnvoll, wenn es zwischen Träger und Leiterin klar so vereinbart ist, welche Konten (Kostenarten) sie verwalten, planen und kontrollieren müssen und welche nicht. Alle großen Träger, aber auch Fachberatungen haben solche Kontenpläne vorliegen.

4. Schritt: Erfassung sämtlicher Kosten.   Sämtliche Kosten, die für eine Kostenstelle anfallen, sollen jetzt der Kostenstelle zugeordnet werden. Dies ist relativ einfach bei Kosten, die eindeutig in der Kostenstelle anfallen (z. B. Löhne der Mitarbeiterinnen). Schwieriger ist es bei Gemein-

Tab. 8: Übersicht Konten für Personalkosten

Ko.-St.	Verantwortlich:
	Kontenklasse: 1 – Personalkosten
Konto	Bezeichnung
10	Löhne und Gehälter
11	Gesetzliche Sozialabgaben
12	Aufwendung für die Altersvorsorge
13	Beihilfe
14	Sonstige Personalaufwendungen (Vergütungen etc.)
15	Fortbildungen, Tagungen
16	Aufwendungen für Honorarkräfte

kosten wie Strom für die Außenanlage, oder Verwaltungskosten für die
Verwaltung, die andere Einrichtungen mitversorgt. Diese Kosten sind
z. T. nicht genau zu berechnen, es empfiehlt sich eine schriftlich festgelegte Vereinbarung über den Verrechnungsschlüssel (z. B. pauschal je
Kind XY DM Verwaltungskosten; pauschal je Mitarbeiter YX DM Per-
sonalverwaltungskosten). Diese Kosten werden auf der Kostenstelle des
entsprechenden Kindergartens als Kosten, auf der Kostenstelle der Verwaltung als Erlöse geführt. Entscheidend ist die Transparenz der Bebu-
chung der Konten. Für die Kostenstellenverantwortlichen muss klar
sein, dass auf den von ihnen zu verwaltenden Konten keine Fremd-
buchungen ohne ihr Einverständnis durchgeführt werden können, da
ansonsten keine Verantwortung für die Kontenentwicklung übernommen werden kann.

5. Schritt: Erfassung der Leistungen.   Alle Leistungen, die eine Kita er-
bringt, sind zu erfassen. Es empfiehlt sich ein relativ einfaches Formular,
das lediglich die wichtigsten Daten enthält (Name, Kostenstelle, Betreuungsleistung je Tag, sonstige Leistungen, wie Teamzeit, Öffentlichkeitsarbeit in Stunden und Fehltage). Komplizierte Formulare (z. B. Wehrmann, Abel 2000, 93) sind zwar aussagekräftiger, vervielfachen aber den
Verwaltungsaufwand. Als Ziel sollen die tatsächlich geleisteten Arbeits-
stunden differenziert nach Betreuung und sonstiger Arbeitstätigkeit je
Mitarbeiterin erfasst werden.

6. Schritt: Budgetanalyse.   Die Daten aus der Buchhaltung dokumentieren Einhaltung oder Abweichung von den Vorgaben des Budgets. Sie
müssen von den Kostenstellenverantwortlichen dauernd beobachtet
werden. In gewissen Abständen (halbjährlich) werden Erlöse und Kosten gegenübergestellt und analysiert, ob der Dienst sich „rechnet".
Außerdem kann der Preis für die Betreuungsleistung, etwa auf eine
Stunde je Kind bezogen, errechnet werden.

7. Schritt: Abweichungsanalyse.   Wenn die IST-Zahlen (z. B. tatsächlich eingenommener Elternbeiträge) zu stark von den geplanten Beträ-
gen (SOLL) abweichen, sind Maßnahmen zur Verbesserung des Gesam-
tergebnisses nötig. Bisweilen sind es „kleine" Ursachen (z. B. die Zah-
lungsmoral der Eltern), bisweilen auch komplexere (Kundenstruktur).
Zur Analyse gehört, diese Ursachenbündel zu benennen und Abhilfe zu
schaffen. Insbesondere ist Ziel der Analyse, Kostentreiber oder Faktoren der Leistungsminderung zu diagnostizieren.

8. Schritt: Berichtswesen. Die Überwachung der Budgets gehört zu den Routineaufgaben, die nicht eigens in Zielvereinbarungen festgelegt werden müssen. Sollten sich jedoch Abweichungen vom Haushaltsplan ergeben, muss die Leiterin einen Bericht anfertigen (siehe 7. Schritt). Die Berichte werden in der Einrichtung gesammelt, in Kopie dem Trägerverantwortlichen weitergegeben.

9. Schritt: Budgetplanung für das Folgejahr. Bei der Budgetplanung ist zwischen dem ordentlichen und dem außerordentlichen Haushalt zu unterscheiden. Letzterer betrifft außergewöhnliche Ausgaben (z. B. Bau oder größere Anschaffungen), die mit den normalen Haushaltsmitteln nicht zu finanzieren sind. Zur Hochrechnung der Budgets des ordentlichen Haushaltes für das Folgejahr sind für die Verantwortlichen der Kostenstellen vielfältige Informationen nötig:

- Preissteigerungsrate
- Lohnsteigerungsrate
- Veränderungen in der Personalstruktur
- Kalkulation der Elternbeiträge
- Entwicklung der Gemeinkosten (Verwaltung, Gebäudekosten)

Die Informationen müssen der Leiterin zur Verfügung gestellt werden, sofern sie ihr nicht vorliegen.

10. Schritt: Kostenträgerrechnung. Der Träger der Kitas muss nun aus allen Teilplänen seiner Einrichtungen, aus den Haupt- und Nebenkos-

Tab. 9: Übersicht Konten für Personalkosten mit Vorjahresvergleich

Ko.-St.	Verantwortlich: Kontenklasse: 1 – Personalkosten	Vorjahr	Hochrechnung
Konto	Bezeichnung		
10	Löhne und Gehälter		
11	Gesetzliche Sozialabgaben		
12	Aufwendung für die Altersvorsorge		
13	Beihilfe		

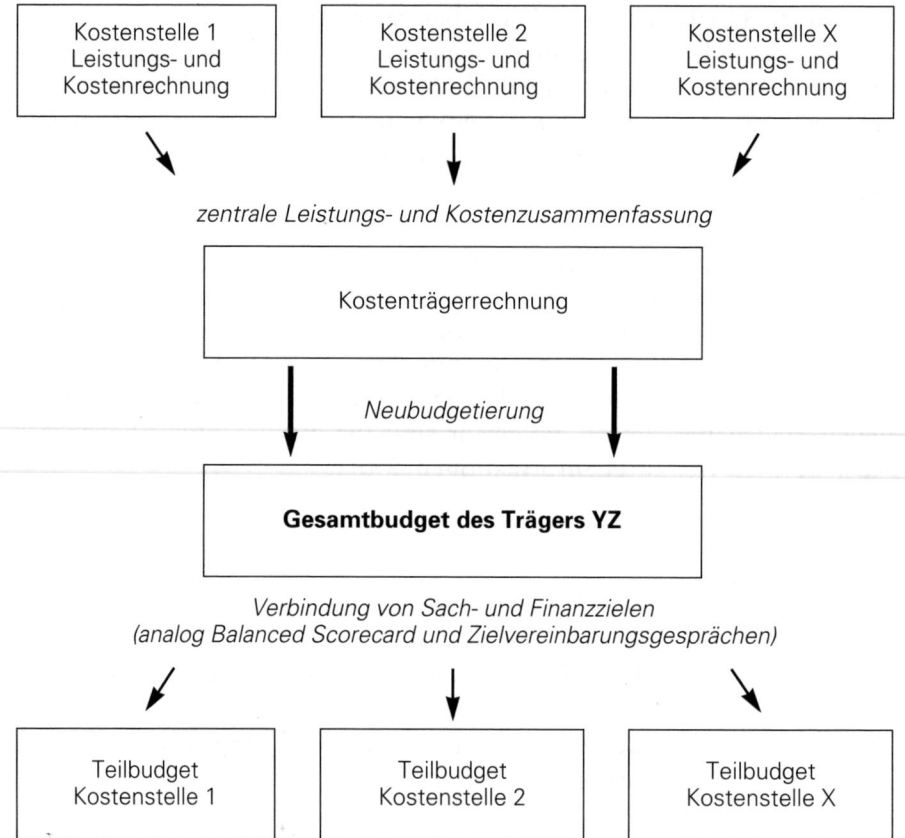

Abb. 30: Dezentrale Leistungs- und Kostenerfassung

tenstellen seine Gesamtrechnung und -kalkulation machen. In diese Kalkulation gehen sowohl Kosten als auch Erlöse und Leistungen ein. Selbstverständlich müssen Gebäudeerhaltung, Zinserträge bzw. Kreditkosten mit einkalkuliert werden.

11. Schritt: Neubudgetierung. Im Zusammenhang mit den vereinbarten sachlichen Zielen (BS-Systematik) muss nun das neue Budget veranschlagt werden. Dabei spielen die Erfahrungen der abgelaufenen Periode naturgemäß eine sehr wichtige Rolle. In intensiven Gesprächen mit den Kostenstellenverantwortlichen werden Möglichkeiten der Etats verhandelt. Am Ende steht die Genehmigung des Gesamtbudgets und damit aller Teilbudgets, die in die Verfügung der Leiterinnen gegeben werden.

Der Träger holt sich über das Berichtswesen dauernd Informationen zur Entwicklung der Budgets ein.

Wenn die grundlegenden Elemente des Systems einmal eingeführt sind (Schritt 1–3), kann das System der Budgetierung (Schritt 4–11) ständig angewendet werden. Wichtig ist, dass der Träger konkrete Termine festlegt, wann welcher Schritt zu erfolgen hat. Im Zusammenhang sieht der Planungsvorgang der Budgets wie in Abb. 30 aus.

6 Zusammenfügen, was zusammengehört: Das lernende Kita-Unternehmen wird Wirklichkeit

Die wichtigste Voraussetzung für dauernden Erfolg liegt nach den in diesem Buch entwickelten Elementen auf der Hand: Das gesamte Unternehmen muss ein Bewusstsein für die Notwendigkeit marktwirtschaftlicher Orientierung entwickeln und dieses zu seinem unternehmensstrategischen Grundsatz machen. An die obersten Führungsebenen stellt sich die Aufgabe, die entsprechenden Prozesse initiativ in Gang zu setzen (Grabert, Kamiske 1993, 270). Der Träger muss die Verbindlichkeit der Qualitätspolitik im lernenden Kita-Unternehmen garantieren, so dass die Kunden- und Mitarbeiterinnenorientierung über bloße Lippenbekenntnisse hinausgeht. Eine Kita, die sich dazu nur verbal bekennt und sich mehr aus Gründen der Image-Pflege für Qualitätssicherung entscheidet, intern aber die Anforderungen in ihrem eigenen Verhalten nicht nachvollzieht, kann ihre Ziele nicht erreichen. Die Demonstration eines gemeinsamen Willens der gesamten Organisation zur marktorientierten Ausrichtung ist unverzichtbar (Bühner 1995, 39f).

Im Folgenden soll jetzt ein Unternehmenskonzept vorgestellt werden, das in der St. Gallener Managementschule (Bleicher 1991; 1992) entstanden ist und von Lohmann (1997) erstmals auf soziale Organisationen übertragen wurde. Für das Kita-Unternehmen sind eine Reihe von Modifikationen nötig, die in einem weiteren Schritt vorgestellt werden. Zur praktischen Verwirklichung werden verschiedene Stufen vorgeschlagen.

6.1 Das St. Gallener Managementmodell und die Konsequenzen für das lernende Kita-Unternehmen

Wer sich die Anforderungen an eine Organisation vergegenwärtigt und die Komplexität der Antworten, die sie geben muss, wird unschwer erkennen, dass ein Managementkonzept viel leisten muss, um die Orga-

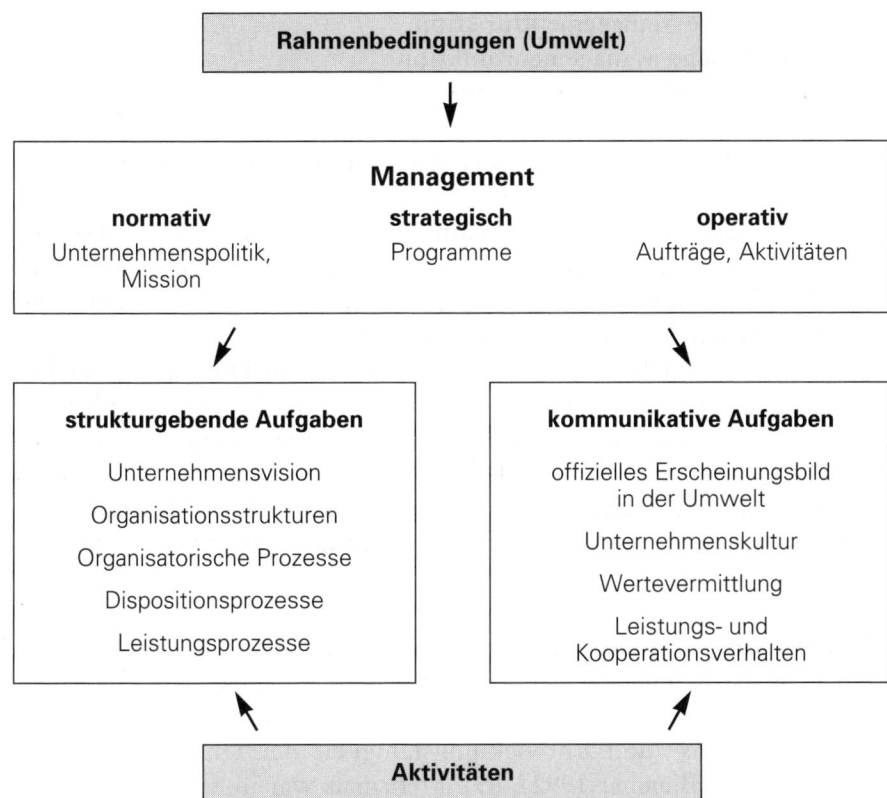

Abb. 31: Aufgaben des normativen, strategischen und operativen Managements

nisation zu einem „lernenden Unternehmen" zu machen. Insbesondere muss man sich vor eindimensionalen Problemlösungen hüten, die die Komplexität der Problemursachen außer Acht lassen, ohne Zusammenhänge, Beziehungen und Interaktionen sehen zu können (Probst; Gomez 1989). Wer beispielsweise pädagogische Qualitätsstandards entwickelt, ohne die Bedingungen des Trägers einzubeziehen, wird gegebenenfalls genau an diesen scheitern (Klug 2000b). Insofern bedarf es entsprechender Managementmodelle, die der Komplexität der Anforderungen gerecht werden. Auf diese Herausforderung antwortet das in St. Gallen entwickelte „Integrierte Management". Bleicher (1992a) beschreibt drei Grundfunktionen, die das Management erfüllen muss:

■ die normative Managementfunktion
■ die strategische Managementfunktion
■ die operative Managementfunktion

Abbildung 31 gibt einen Überblick über die Aufgaben, die den einzelnen Managementfunktionen zugeordnet sind und die sie unter dem Druck der jeweiligen Rahmenbedingungen der Umwelt so gestalten müssen, dass sich unternehmenserhaltende Aktivitäten entwickeln. Auf der linken Seite finden sich strukturgebende, auf der rechten kommunikative Aufgaben der jeweiligen Managementebene.

In diesem Modell finden alle Bausteine, die im Durchgang des lernenden Kita-Unternehmens erarbeitet worden sind, Platz. Es gilt jetzt, die Aufgaben konkreter einer der drei Managementebenen zuzuschreiben und so ihre Verantwortlichkeiten genauer zu benennen. Dazu wird in Anlehnung an Welge und Al-Laham (1999, 96) ein Managementzyklus an die Bedürfnisse des Kita-Unternehmens angepasst (siehe Abb. 32).

Die normative Managementfunktion. „Die Ebene des normativen Managements beschäftigt sich mit den generellen Zielen der Unternehmen, mit Prinzipien, Normen und Spielregeln, die darauf ausgerichtet sind, die Lebens- und Entwicklungsfähigkeit der Unternehmung zu ermöglichen." (Bleicher 1992a, 69). Mehrmals war in diesem Buch von „Visionen", Leitlinien und Leitbildern die Rede. All diese Grundlagen eines Unternehmens sind in einem Unternehmenskonzept zu verankern. Konkret gehören zum normativen Management folgende Funktionen:

■ Verantwortung für die Entwicklung der unternehmerischen Vision
■ Beschreibung der Werte des Unternehmens
■ Verantwortung für die strategische Ausrichtung der Unternehmenspolitik, die die Vorstellungen der unternehmerischen Vision über konkrete Ziele zu einem Entwicklungskonzept verdichtet
■ Unternehmensstruktur, die dem Unternehmen eine wettbewerbsfähige Gestalt gibt
■ Mitgestaltung der Unternehmenskultur, die das über Werte und Normen induzierte Verhalten der Mitglieder des sozialen Systems Unternehmen ordnen und koordinieren will
■ Politische (= nach außen wirkende) Vertretung (Lohmann 1997, 156).

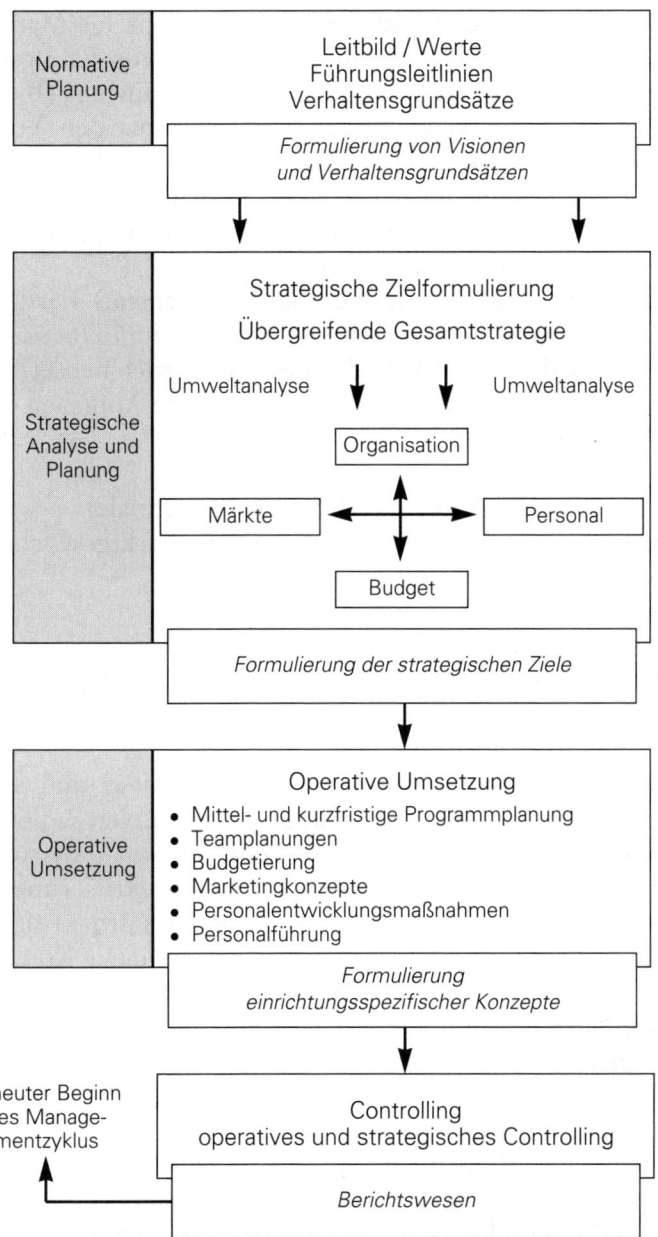

Abb. 32: Managementzyklus im Kita-Unternehmen

Die strategische Managementfunktion. „Strategisches Management ist auf den Aufbau, die Pflege und die Ausbeutung von Erfolgspotentialen gerichtet, für die Ressourcen eingesetzt werden müssen" (Bleicher 1992, 70). Das strategische Management entwickelt aus den Vorgaben der Unternehmenswerte zweckgerichtete Strategien für die Unternehmenspolitik. Zu entwickeln sind langfristige Strategien zum Marketing, zur Personalentwicklung, zur Organisationsentwicklung, die gemäß der Grundorientierungen gestaltet werden müssen.

„In der strategischen Dimension des Managements werden aus Analysen und Prognosen der zukünftigen Umwelt- und Unternehmensentwicklung Strategien entwickelt, die diesen Unternehmenserfolg langfristig sicherstellen" (Lohmann 1997, 157). Konkrete Aufgaben des strategischen Management sind:

- Konzentration der Kräfte (z. B. Synergiepotentiale)
- Aufbau von Stärken des Unternehmens im Marktgeschehen
- Innovation und Qualität
- Abstimmung von Zielen und Mitteln
- Ausnützen von Koalitionsmöglichkeiten
- Schaffung einer zweckmäßigen und führbaren Organisation (Hammer 1998, 127f).

Die operative Managementfunktion. „Normatives und strategisches Management finden ihre Umsetzung im operativen Vollzug, der im Ökonomischen auf leistungs-, finanz- und informationswirtschaftliche Prozesse ausgerichtet ist. Hinzu kommt die Effektivierung des Mitarbeiterverhaltens im sozialen Zusammenhang. Das drückt sich vor allem in der Kooperation und vertikalen wie horizontalen Kommunikation von sozial-relevanten Inhalten aus" (Bleicher 1992a, 71). Das operative Management ist insofern die einzelfallbezogene Umsetzung der vom Unternehmen gesetzten Ziele innerhalb der gegebenen Rahmenbedingungen. In diesen Bereich gehören innerbetrieblich Prozesse der Willensbildung, der Willensdurchsetzung und der Willenssicherung, beispielsweise im Team. Dem operativen Management kommt es zu, Chancen für auftretende Zielrealisation zu erkennen, zu analysieren, gegebenenfalls Handlungsalternativen zu eruieren und Lösungen zu erarbeiten (Bleicher 1992a, 320).

Zu Beginn dieses Managementzyklus steht die Vision, die Formulierung der normativen Grundlagen. Zu den normativen Grundlagen gehören die Führungsleitlinien, die, wie hier vorgeschlagen, in einem

Führungsmodell „Führung durch Zielvereinbarung" münden. Eine wichtige Funktion des normativen Managements ist die Sicherung der „unternehmenspolitische(n) Offenheit gegenüber der Umwelt und Interessenausgleich zwischen Um- und Inwelt" (Bleicher 1992a, 88). Die Impulse aus der Umwelt (z. B. der Politik) müssen Eingang finden in die normative Gestaltung der Organisation. Das Unternehmen zeigt so nach innen und außen seinen Nutzen. Wenn die normativen Grundlagen gelegt und in Strukturen ausformuliert sind, beginnt davon abgeleitet die strategische Planung. Sie umfasst einen Zeitraum von fünf bis zehn Jahren und stellt die mittelfristige Planung des Gesamtunternehmens fest. Die für die Kita relevante Umwelt (Kinderzahlen, Entwicklung der Konkurrenz, politische Veränderungen, langfristige Marktentwicklungen) muss auf Grundlage der Unternehmensentwicklung (Stärken, Schwächen, Potenziale) analysiert und bewertet werden. Auf der Basis dieser Analysen lassen sich mittel- und langfristige Handlungsstrategien entwickeln. Berührt sind beispielsweise Fragen wie: Wie soll sich unsere Marktstellung entwickeln, mit welchen Marktstrategien? Die notwendigen Handlungsstrategien beziehen sich auf folgende Bereiche:

- Ressourcenstrategie: Wo wird investiert?
- Aktivitätsstrategie: Welche „Produkte" werden entwickelt?
- Marketingstrategie: Wie werden die Produkte verkauft?
- Maßnahmen der Organisations- und Qualitätsentwicklung: Wie entwickelt sich das Unternehmen und seine Qualität weiter?

All das ist in strategischen Zielen festzuschreiben. In der operativen Umsetzung werden diese Ziele mit Hilfe des Führungsinstrumentariums „Führung durch Zielvereinbarung" auf die je einzelne Einrichtung heruntergebrochen. Dies betrifft inhaltliche und finanzielle Ziele, Personalführung und die spezifische Marketingstrategie. Im operativen Bereich sind die lokalen Märkte angesiedelt, Kundenpflege und Kundenakquisition sind ebenfalls Aufgabe des operativen Managements. Durch das Controlling, Berichtswesen und die Dokumentationssysteme („Balanced Scorecard") werden neben der Kontrolle Daten erarbeitet, die dem operativen und dem strategischen Management zur Verfügung stehen. Damit können sowohl die strategischen Ziele als auch die operativen Maßnahmen auf ihre Ziel- und Aufgabenerfüllung hin überprüft werden. Nur so wird es den Führungskräften auf der jeweiligen Führungsebene ermöglicht, sowohl im operativen als auch im strategischen Bereich konsequent zielorientiert zu führen.

6.2   Bausteine des lernenden Kita-Management-Unternehmens

Aus dem Durchgang durch die bisherigen Elemente lassen sich zwei Ebenen relativ einfach beschreiben:

Gemäß dem Grundsatz der dezentralen und subsidiären Strukturierung eines Unternehmens entwickelt sich das lernende Kita-Unternehmen von seiner Basis her. Grundeinheit ist die einzelne Kita. An ihrer Spitze steht die Leiterin als Geschäftsführerin ihrer Einrichtung. Da möglichst alle operativen Funktionen dorthin delegiert werden sollen, hat sie volle Personal-, Budget- und Organisationsverantwortung. Neben den einzelnen Mitarbeiterinnen, deren Leistungen durch Personalführung und Zielvereinbarungen gesteuert werden, hat das Team eine unverzichtbare Rolle: Es formuliert die Zielvereinbarungen der Leiterin mit dem Träger um in konkrete Kita-Politik, und es formuliert Zielperspektiven für eine neue Vereinbarung. Daneben kommen der Leiterin und dem Team im Rahmen des lernenden Kita-Unternehmens folgende Aufgaben zu:

- Entwicklung eines eigenständigen Profils im Rahmen der strategischen Grundentscheidungen
- Durchführung spezifischer Dienstleistungen auf der Basis dieses Profils
- Operatives Marketing (Kundenpflege und Kundenakquisition)
- Operative Umsetzung der Qualitätspolitik des Unternehmens
- Partizipation an der Unternehmenskultur und Förderung einer einrichtungsspezifischen Organisationskultur
- Förderung der Mitarbeiterinnenzufriedenheit durch Partizipation am Personalentwicklungskonzept des Gesamtunternehmens
- Operative Durchführung der Budgetentscheidungen, Verwaltung des Kita-Budgets, Planung zukünftiger Budgets
- Berichtswesen und Controlling der fachlichen und finanziellen Tätigkeiten.

Die Schnittstellen der Grundeinheit „Kita" sind eindeutig bestimmbar: In erster Linie dient die Kita den Kunden, also den Eltern und Kindern. Für diese spezifische Umweltentwicklung, beispielsweise die regionalen Märkte, trägt die Kita besondere Verantwortung. Die Schnittstelle zum Träger und zur Fachberatung wird in der Regel durch die Leiterin wahrgenommen. Insofern die operative Ausführung immer auch strategische Relevanz besitzt, partizipiert die einzelne Kita auch an der strategischen Entwicklung des Gesamtunternehmens.

Auch die zweite in unserem Kita-Unternehmenskonzept häufig beschriebene Position ist klar: Zweifellos ist im Kita-Unternehmen der Träger verantwortlich für die normativen Managementfunktionen, dazu gehören:

- Rechtsträger mit den entsprechenden rechtlichen Verpflichtungen
- Geschäftsführung des gesamten Unternehmens
- Entwicklung und Pflege des Leitbildes (Vision, Verhaltensgrundsätze, Führungsleitlinien)
- Strategieentwicklung für das Gesamtunternehmen
- Führungs- und damit auch Vorbildfunktion
- Strukturbildung und Garantie der Struktur
- Beratungsaufgabe (Coaching der Leiterinnen)
- Servicefunktion

Besonders letztere verdient noch eingehender Erwähnung: Im Kita-Unternehmen müssen eine Reihe von Managementfunktionen gebündelt werden, die sinnvollerweise nicht in der einzelnen Kita anzusiedeln sind. Dazu gehören das Finanz- und Rechnungswesen, die EDV, dazu gehören auch Servicemaßnahmen wie Hilfe bei der Vertretungsplanung und eine Reihe weiterer organisatorischer Aufgaben. Bewußt wurde hier der Terminus „Service" gewählt. Die häufig in großen Verbänden anzutreffende Herrschaft der Verwaltung über die Fachlichkeit ist für das Kita-Unternehmen schädlich. Führung erfolgt in diesem Unternehmen nicht durch die Verwaltung, sondern durch die Führungskraft. Insofern muss sich die Verwaltung als Dienstleister verstehen. Wenn das Unternehmen eine gewisse Größe erreicht hat, stellt sich die Frage nach der Ausgliederung der Verwaltung, um dies zu verdeutlichen.

Die Schnittstellen des Trägers sind ebenso klar zu benennen: Es sind mittels Personalführung und Pflege des Systems „Führung durch Zielvereinbarung" die Leiterinnen und die Zentralbereiche auf der internen Seite, es ist die Politik und das Gemeinwesen in seiner Normgebung auf der äußeren Seite. Eine besondere Schnittstelle kann bei konfessionellen Trägern die Kirche sein. Eine weitere Schnittstelle stellt die Fachberatung dar.

Damit sind die normativen und operativen Funktionen weitgehend beschrieben. Insbesondere für die strategische Funktion des lernenden Kita-Unternehmens bedarf es eines eigenen strategischen Organs, das in sozialen Organisationen nicht der Träger alleine sein, dessen Funktion aber auch von der einzelnen Kita nicht wahrgenommen werden kann. Es bietet sich an, zur Unterstützung des Trägers ein Kollegialorgan einzusetzen, das die strategische Funktion zusammen mit dem Träger wahrnimmt. Wir schlagen eine Leiterinnenkonferenz (LKR) vor, die ein solches rechtlich unselbständiges, mit Satzung und klaren Kompetenzen ausgestattetes Kollegialorgan bildet. Mit der LKR geben sich die Leiterinnen ein Gremium, das sie selbst verwalten und das vorwiegend strategische Aufgaben hat:

- Festlegung der Ziele des Gesamtunternehmens im Rahmen der normativen Vorgaben
- Entwicklung und Verabschiedung von Qualitätsstandards zur Etablierung und Weiterentwicklung der Qualitätspolitik
- Beobachtung der Marktentwicklung für das gesamte Unternehmen
- strategische Aushandlung der Budgets im Rahmen des Gesamtbudgets (Ressourcenstrategien)
- Wettbewerbsbezogene Gesamtkonzeption (Aktivitätsstrategien) und Absprachen zu seiner Etablierung (z. B. Ausbau des flächendeckenden Leistungsangebotes)
- Beobachtung der organisatorischen Bedingungen des Gesamtunternehmens und Pflege der eingeführten Systeme

Die LKR bedient sich der Hilfe der Qualitätszirkel, da das Plenum nicht alle Fragen behandeln kann. Im Sinne der strategischen Funktion entwickelt die LKR Geschäftsstrategien, die mit dem Träger abgestimmt werden. In wichtigen Fällen behält sich der Träger ein Veto-Recht gegen Entscheidungen der LKR vor. Ansonsten sind die Entscheidungen der LKR für sie selber und für alle Einrichtungen bindend. Allerdings hat die LKR keine Controllingfunktion. Dies ist allein der Führungslinie vorbehalten. Die Schnittstellen der LKR sind:

- der Träger in seiner normativen Funktion als Letztentscheidung für die Gesamtstrategie
- die Märkte des Gesamtunternehmens
- die Wissenschaft als Korrektiv für Qualitäts- und Leistungspolitik
- die Fachberatung als Beratung zur Weiterentwicklung
- die Leiterin als Interessensträgerin der Kita mit deren Erfahrungshintergrund und als Adressat der strategischen Entscheidungen.

Im lernenden Kita-Unternehmen werden die drei Managementfunktionen von unterschiedlichen Instanzen wahrgenommen. Die Aufgaben und Kompetenzen aller Instanzen bedürfen selbstverständlich der strukturellen Absicherung in Form einer Unternehmensverfassung, die sich als „Grundsatzentscheidung über die gestaltete Ordnung der Unternehmung verstehen" lässt (Bleicher 1992a, 122). Weitere strukturelle Mittel der Stabilisierung des Unternehmens sind Stellenbeschreibungen oder Geschäftsverteilungspläne. Die Steuerung des gesamten Kita-Unternehmens erfolgt auf zwei Wegen, die in diesem Buch bereits eingeführt wurden:

* das Führungsinstrumentarium „Führung durch Zielvereinbarung". Der Ansprechpartner für die Leiterin ist der Trägervertreter, die Leiterin wiederum führt alle Mitarbeiterinnen der Kita.
* die Beratungs- oder Coachingsäule. Dies betrifft natürlich die Führungskräfte, wie im Kapitel über Personalführung dargestellt wurde.

In diesem Zusammenhang spielt die Fachberatung der Verbände und Kommunen eine unverzichtbare Rolle. Ihre Konzepte müssen sich dem Bedarf des Kita-Unternehmens anpassen (Oberhuemer 1998, 134f) . Das heißt im einzelnen:

Trägerberatung.   Eine Fachberatung, die sich als Dienstleistung für Träger versteht, muss Kompetenzen in Organisations- und Personalentwicklung mitbringen. Wichtige Aufgaben werden in diesem Zusammenhang sein:

* die Zielvereinbarungsgespräche auszuwerten
* die Evaluationsergebnisse (z. B. Mitarbeiterbefragungen, Leiterinneninterviews) fachlich zu beurteilen
* Qualitätsstandards mit der LKR zu entwickeln und auf Anfrage des Trägers gutachterlich zu deren Einhaltung in den einzelnen Einrichtungen tätig zu werden
* Qualitätszirkel zu begleiten und ihre Ergebnisse fachlich zu bewerten
* Veränderungsbedarf zu diagnostizieren und der LKR sowie den Organen des Trägers Möglichkeiten der Veränderung vorzuschlagen
* den entstehenden Fortbildungsbedarf entweder selber abzudecken oder in Zusammenarbeit mit anderen Trägern externe Lösungen zu suchen.

Diese Aufgaben setzen ein verändertes Selbstverständnis der Fachberatung voraus: Es kann nicht mehr darum gehen, Ansprechpartner für alle,
meistens pädagogischen oder methodischen Fragestellungen der Einrichtungen zu sein, so sehr dies von einzelnen Erzieherinnen oder
Teams nachgefragt wird (Rumpf 2000). Vielmehr muss die Fachberatung
Wissen über Organisations- und Personalentwicklung bereit halten,
denn dies wird genau die Dienstleistung sein, die von den Trägern in Zukunft angefordert werden wird. Im lernenden Kita-Unternehmen haben
die Leiterinnen die Befugnisse, selbst die fachliche Beratung ihrer eigenen Einrichtungen zu übernehmen oder sich entsprechendes Know-
how zu besorgen. Natürlich sollten sie dabei von der Fachberatung unterstützt werden.

Moderation zwischen den Führungsebenen.   Eine wichtige Rolle der
Fachberatung – Kompetenz vorausgesetzt – ist, die Vorgänge zwischen
den Führungsebenen fachlich zu begleiten. Dazu gehört die Vorbereitung der Leiterinnen auf ihre Zielvereinbarungsgespräche, in denen der
jeweilige Entwicklungsbedarf geklärt, aber auch konkrete persönliche,
mitarbeiter- oder einrichtungsbezogene Ziele vereinbart werden.

Qualifizierung.   Der Qualifizierungsbedarf wird sich zukünftig eng an
dem Bedarf orientieren müssen, den die Träger für ihre Einrichtungen
formulieren. Generell sind folgende Nachfragen zu erwarten:

- Schulungen für das Führungsinstrumentarium „Führung durch Ziel-
  vereinbarung"
- Rechtliche Fragestellungen, besonders Arbeitsrecht und Leistungs-
  vertragsrecht
- Mitarbeiterinnengespräche, Teamführung, Büroorganisation
- Qualifizierungsmaßnahmen für Nachwuchskräfte
- Konzeptionsentwicklung
- Marketing und Kundenorientierung
- Managementschulungen für Führungskräfte und ihren Nachwuchs
- Schulung im Umgang mit Instrumenten der Evaluation (Befragun-
  gen, Interviews, etc.)
- Öffentlichkeitsarbeit

Eine letzte Frage soll in diesem Zusammenhang behandelt werden, nämlich die Anbindung der Fachberatung. Wenn man sich das Aufgaben-
spektrum und die zentrale Rolle der Fachberatung innerhalb der Bera-

tungssäule vergegenwärtigt, muss das Problem der strukturellen Verortung der Fachberatung thematisiert werden. Traditionell sind Fachberater bei Dachverbänden angesiedelt, was ihre Unabhängigkeit vom Kita-Träger gewährleistet. Dies hat insbesondere im Hinblick auf die Beratungsfunktion gegenüber den Kita-Mitarbeiterinnen eine gewisse Bedeutung, können doch anstehende Probleme mit einem strukturell Unbeteiligten besprochen werden. Zudem besteht die Hoffnung, dass durch unabhängige Fachberater Ressourcen zwischen Trägern besser vernetzt und Synergieeffekte stärker betont werden können. Diese historisch gewachsenen Beratungsstrukturen gewinnen ihre Stärke insbesondere in einem Trägersystem, das sich durch Zersplitterung, Unselbstständigkeit und mangelnde Professionalität auszeichnet. Gerade aber mit dem Kita-Unternehmensmodell soll die Professionalität der gesamten Kita, also auch des Trägers, gesteigert werden. Leiterinnen und Träger sind in einem strategischen Verbundsystem, was eine strukturell unabhängige Beratung allenfalls im Sinne einer Supervision nötig macht. Andererseits sind eine Reihe von unternehmensspezifischen Aufgaben zu bewältigen, zu deren Lösung die Fachberatung beitragen kann. Einrichtungsübergreifende Fortbildungsangebote, wie sie von der Fachberatung heute noch häufig angeboten werden, verlieren in dem Maß an Bedeutung, wie das lernende Kita-Unternehmen sich etabliert und seinen eigenen Bedarf entwickelt, der oben skizzenhaft dargestellt wurde. Die Unabhängigkeit der Fachberatung, beispielsweise in Teilbereichen der Schulung, kann immer noch durch unabhängige Referenten „eingekauft" werden. Insofern spricht einiges dafür, die Fachberatung zukünftig als Teil des Zentralbereiches im Kita-Unternehmen selbst anzusiedeln. Den Dachverbänden bliebe dann eine Aufgabe, die derzeit vielleicht durch die Trägerschaft der Fachberatung verstellt wird: die politische Hilfestellung der Träger bei der Vertretung ihrer Interessen gegenüber der Politik. Wer, zu Recht, „Netzwerkarbeit" als zentrale Aufgabe einer Kita definiert (Ritschel 1998, 96), muss sich davor hüten, das systemische Modell dahingehend zu vereinfachen, dass man so tut, als sei die einzige Umwelt einer Kita die Orts- oder Kirchengemeinde. Zu den Rahmenbedingungen gehören die Einflüsse durch das politische Feld, dessen Gestaltung nicht Politikern alleine überlassen werden kann. Hier bedarf es des Sachverstandes der Dachverbände. An dieser Stelle ist es nicht möglich, eine verbandliche „Agenda" politischer Vertretung zu beschreiben, wiewohl eine solche dringend nötig wäre. Angesichts der immer wieder beklagten schlechten Rahmenbedingungen hätten die Dachverbände jenseits der Fachberatung ein unverzichtbares Betätigungsfeld.

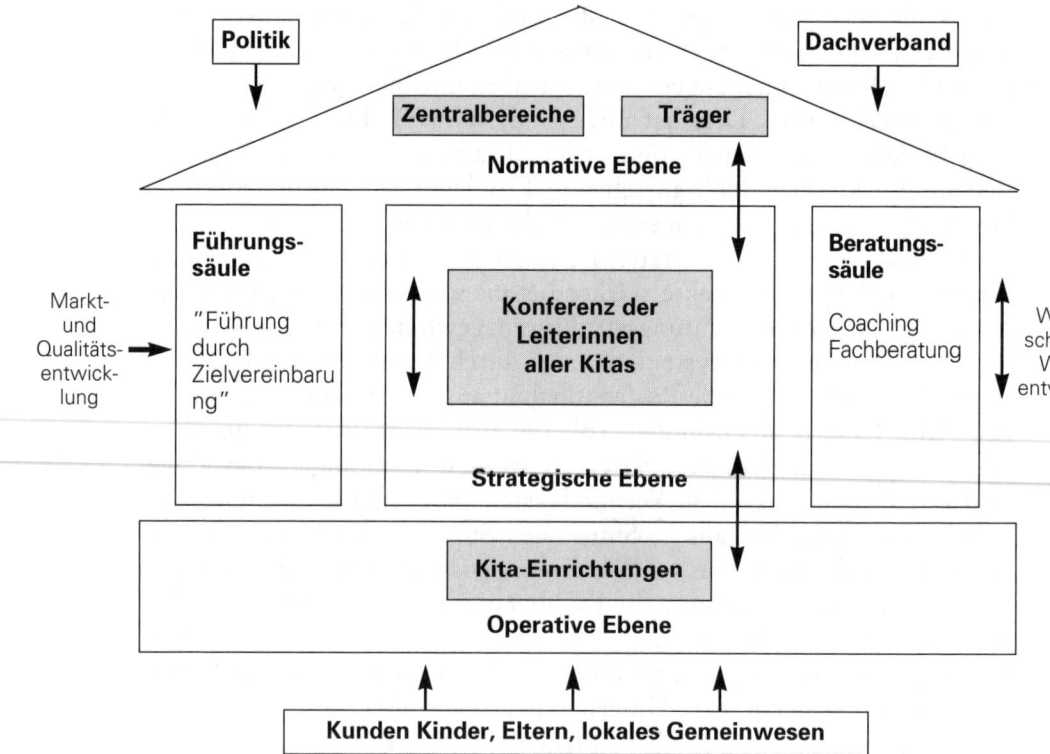

Abb. 33: Die Ebenen des Kita-Unternehmens

In Abbildung 33 sind die verschiedenen Elemente des Kita-Unternehmens zusammengefasst.

Wenn also fachlich vieles für die hier vorgeschlagene Lösung spricht, so muss die Frage der Anbindung der Fachberatung nicht von heute auf morgen geklärt werden, zumal sie sich möglicherweise von alleine klären wird. Es gibt eine Funktion, die den Dachverbänden in jedem Fall erhalten bleibt, auch wenn sie sie bislang nicht oder sehr wenig nutzen: Das Audit. So könnten sie ein Audit-System einrichten, mit dem sie als unabhängiger Dritter Qualitätsmanagementsysteme der Kitas zertifizieren. Ob dies dann eine – wie ich meine, derzeit wenig sinnvolle – DIN 9000ff-Zertifizierung sein muss, muss man der Marktentwicklung überlassen.

6.3   Professionelle Trägerstrukturen

Spätestens hier sind wir an einem heiklen Punkt angelangt: der Professionalität der Trägerstrukturen (Klug 2000b). Alle Veränderungen setzen einen Träger voraus, der bereit und willens, aber auch fähig ist, sich zu professionalisieren. Für die Trägerdiskussion gilt daher, was an anderer Stelle über die oberste Leitungebene der Wohlfahrtsverbände gesagt wurde: „Nicht unproblematisch erscheint die Arbeit der ehrenamtlichen Vorstände im operativen Geschäft ... Ihre Möglichkeiten, die komplexen und hochspezialisierten Vorgänge ... zu erfassen, die sie verantworten müssen, sind so gering, dass die traditionelle Struktur ... als ein großes Steuerungsrisiko der Verbände bezeichnet werden muss" (Klug 1997, 28). Diese im Zusammenhang mit der Entwicklung von Wohlfahrtsverbänden getroffene Feststellung läßt sich nun präzisieren:

Aus der Sicht des Kita-Unternehmens braucht es qualifizierte Trägerstrukturen, d. h. Träger, die ihre Einrichtungen professionell führen. Nur ein solcher Träger wird die Notwendigkeit der hier vorgeschlagenen Maßnahmen erkennen und im Sinne des Grundsatzes „Führung durch Zielvereinbarung" durchführen. Das stellt ehrenamtliche Teilzeitführung in der Regel ebenso in Frage wie das „Nebenherlaufen" von Kindergärten in Stiftungen und Pfarreien.

Das vorliegende Konzept setzt aus ökonomischen Gründen eine gewisse Trägergröße voraus. Nicht jeder einzelne Stiftungskindergarten kann eine eigene professionelle Geschäftsführerin, einen eigenen Zentralbereich, eine eigene Leiterinnenkonferenz haben. Die Zusammenfassung von Verwaltungs- und Führungsaufgaben, die Konzentration von Verantwortung, die Etablierung von professionellen Trägerstrukturen entlasten die Leiterinnen von unnötigen Aufgaben, schaffen größere und flexiblere Möglichkeiten der Vertretung und Personalentwicklung, etablieren ganz im Sinne des TQM eine Partnerschaft zwischen den Leiterinnen und ihrem Träger in der gemeinsamen Verantwortung, die für eine marktwirtschaftliche Entwicklung existenziell ist. Mit dem St. Gallener Konzept des „Integrierten Management" ist also unmittelbar die Forderung verbunden, im Kindergartenbereich die Existenz von Kleinstträgern zu beenden und größere, professionell geführte Einheiten zu schaffen. Im Sinne der dargestellten Konzepte erscheint eine Größe von 10 bis 20 Kitas ideal.

Für einzelne Kita-Typen mag dies unterschiedlich aussehen: Am „einfachsten" erscheint die Aufgabe für konfessionelle Kindergärten, die häufig in Kirchenstiftungen oder Pfarrvereinen organisiert sind. Sie müssen sich „lediglich" zusammenschließen und die genannten Funktionen auf einen zu schaffenden Trägerverein, eine GmbH oder eine Stiftung übertragen. Häufig wird dieser Vorschlag kritisiert: Eine Konzentration der Verantwortlichkeiten in der Verwaltung führe zu größerer Ferne von der Kirchenstiftung, der Pfarrei oder dem kleinen Trägerverband. Eine Professionalisierung der Leitung entbindet aber den Pfarrer nicht von der pastoralen Verantwortung, den Stiftungsvorstand nicht von der Interpretation und Überprüfung des Stifterwillens und den Vorstand des Kreisverbandes nicht von der Verfolgung seines Leitbildes. Um allerdings diese Identität zu bewahren, gibt es wesentlich bessere und effektivere Möglichkeiten als die Einflussnahme in das operative Geschäft (Klug 1997).

Die hier vorgeschlagene Lösung der betriebswirtschaftlich erforderlichen Trägergröße einerseits und einer dezentralen Organisationsform andererseits ist alles andere als „bürokratisch". Im Gegenteil: Sie schafft erst die Voraussetzungen für Bürger- und Kundennähe, indem sie Managementaufgaben dort bündelt, wo sie sinnvoll zusammengefasst werden können und dadurch erst Freiräume für kundenorientiertes Verhalten vor Ort schaffen.

Diese Lösung bietet sich auch für einzelne Kitas an, die als „Einzelkämpfer" in Kreisverbänden organisiert sind. Auch hier ist es angesichts der grundsätzlichen gemeinsamen Ausrichtung aller Kitas in einem Bezirksverband leicht, eine gemeinsame Trägerschaft zu etablieren, ohne dass die wertbezogene Ausrichtung verloren geht.

Schwieriger erscheint die Lösung der Trägerfrage bei kommunalen Kitas, da hier politische Einflussnahmen zu erwarten sind. Aus fachlicher Sicht ist eine Ausgliederung aus der Kommunalverwaltung sinnvoll. Gegebenenfalls können sich Träger zusammenschließen, die vormals Konkurrenten waren: Weshalb sollten nicht Kirchen und Kommunen im Sinne der Professionalisierung ihrer Einrichtungen einen Trägerverbund gründen? Die hier verfolgte Qualitätspolitik jedenfalls lässt sich in einem Trägerverbund adäquat lösen, von einem Kleinstträger mit einer ehrenamtlichen Führung dagegen nur sehr schwer.

Am schwierigsten ist die Trägerfrage in den stark wertbezogenen Initiativeinrichtungen. Sollten mehrere Initiativen in der Region vorhanden sein, liegt ein Zusammenschluss nahe. Wenn sie im regionalen Bereich jedoch einzig sind, gibt es für sie die einfache Lösung des Zusammenschlusses nicht. Wenn Initiativen dann nicht eine ausgesprochen marktfreundliche Nische gefunden haben, die angesichts der Entwicklung immer weniger zu erwarten ist, wird das Überleben schwer. Ihre Stärke ist allerdings, das, was große Träger professionell gestalten, mit viel Eigeninitiative nachzuvollziehen. Das Personal und seine Leiterin, die in kleinen Initiativen häufig genug ohne Personalführung und ohne Fachberatung auskommen müssen, können, wenn die Beteiligten dazu bereit sind, mit Engagement das auffangen, was professionell nicht geleistet wird. Allerdings gibt es darüber hinaus mehrere Möglichkeiten der Verbesserung von Marktchancen, die auch kleinen Trägern zur Verfügung stehen:

- Abschluss eines Dienstleistungsvertrags mit einer professionellen Fachberatung eines großen Trägers
- Outsourcing von Verwaltungsfunktionen
- Eine starke Stellung der Leiterin im Sinn einer Geschäftsführung oder eines hauptamtlichen Vorstandes und der Ehrenamtlichen als „Aufsichtsrat"
- Ehrenamtliche Vorstände, die sich professionalisieren.

Der letzte Vorschlag ist der am schwersten zu verwirklichende und zeigt deutlich, dass in professionellen Dienstleistungsunternehmen ehrenamtliche Vorstände in der Regel allenfalls Teilfunktionen übernehmen können. Die Qualifizierungskonzepte von Befürwortern ehrenamtlicher Vorstände (Langnickel 1999) zeigen dies allzu deutlich auf. Die Fortbildungskonzepte demonstrieren, wie komplex die Anforderungen sind: Sie sind in der Tat nur zu bewältigen, wenn Ehrenamtliche wie hauptamtliche Manager ausgebildet sind (Langnickel, Gabler 1997). Es bleibt, wenn ehrenamtliche Vorstände wirklich ehrenamtlich arbeiten, die „Lücke" der strategischen sowie der Beratungs- und Führungsfunktion, selbst wenn andere normative Aufgaben wahrgenommen werden.

6.4   Der Motor der Organisationsentwicklung: Die Qualitätszirkel

Aus dem bisher Gesagten geht hervor, was die TQM-Philosophie eindrucksvoll postuliert: Nur zusammen mit allen Teilen der Organisation und ihres Umfeldes kann organisatorischer Wandel hin zur Marktfähigkeit gelingen. Alle Beteiligten einzubeziehen ist aus systemischer Organisationssicht auch dann zwingend, wenn externe Berater eingeschaltet werden. Aus vielen gescheiterten Umgestaltungsprozessen weiß man um die Bedeutung dieser Tatsache: Ohne die Beteiligung oder nur mit Scheinbeteiligung der Mitarbeiterinnen wird der Prozess scheitern, auch wenn mit klingenden Namen der „Consult"-Firmen und neuen Stabsstellen operiert wird. Die TQM-Philosophie hat daraus die Konsequenz gezogen und eine adäquate Arbeitsform entwickelt. Sie installiert sogenannte Qualitätszirkel (QZ) (Cohen et al. 1996, 131ff), um Maßnahmen zur dauernden Verbesserung der Organisation auszuarbeiten. Ihre Grundidee ist, dass Mitarbeiterinnen sowohl die Probleme als auch ihre Lösungen am besten kennen, weil sie ihnen am nächsten stehen. QZ tagen auf begrenzte Zeit mit einem klar umrissenen Auftrag. Die Teilnahme ist freiwillig. Je nach Art der zu lösenden Aufgaben nehmen neben dem direkten Vorgesetzten Mitglieder des Trägers, einzelne Leiterinnen oder einzelne Mitglieder der Zentralbereiche an den Besprechungen teil (Zink, Schick 1984, 28). Allerdings geben Vorgesetzte in QZ keine Weisungen, da sie sonst den kreativen Prozess empfindlich stören könnten. Der QZ hat den Auftrag, einen Lösungsvorschlag für ein konkretes Problem zu erarbeiten und diesen dem Träger zur Beschlussfassung vorzulegen. So leisten diese Problemlösungsgruppen, wie QZ auch genannt werden, wertvolle Sacharbeit.

Ein QZ kann beispielsweise den Arbeitsauftrag erhalten, gemeinsam mit Interessenspartnern den Vorschlag eines Leitbildes („Vision") zu erstellen. Als Zeitrahmen wird ein halbes Jahr veranschlagt, anschließend soll das Ergebnis den Kolleginnen vorgestellt, mit ihnen diskutiert und qualifiziert werden. Im Idealfall kann die „Vision" vom Träger als Unternehmensgrundsatz verbindlich in Kraft gesetzt werden. Mit dieser nun von allen geteilten Grundüberzeugung hat der Träger die ideale Voraussetzung, seine „Corporate Identity" nach außen zu tragen. Ein weiterer QZ kann sich mit den strukturellen Veränderungen beschäftigen. Der QZ „Strukturen" entwickelt beispielsweise zusammen mit dem Trägervertreter eine neue, dem gewachsenen Qualitätsbewusstsein angemessene Unternehmensstruktur mit weitgehender Dezentralisierung. Nahezu alle in diesem Buch vorgestellten Modelle der Organisations- und Personalentwicklung lassen sich mit QZ entwickeln oder verfeinern.

Neben diesen „greifbaren" Arbeitsergebnissen haben die Qualitätszirkel äußerst willkommene Nebeneffekte: Sie führen zu einer stärkeren Kommunikation der Mitarbeiterinnen aus verschiedenen Einrichtungen, zur Einbindung von Mitarbeiterinnen in das Unternehmen, zur Stärkung ihres Gefühls der Mitverantwortung und schließlich zur Identifikation mit dem Träger. Die gemeinsam entwickelte Vision gewinnt ihre motivierende Kraft weniger aus dem entwickelten Papier als aus dem Prozess, in dem sie entstanden ist. Eine der wichtigsten Folgen von QZ ist die motivierende Wirkung: Partizipation demonstriert den Willen des Trägers, Mitarbeiterinnen an den Entscheidungen teilhaben zu lassen. Angesichts der nach wie vor geringen monetären Möglichkeiten der Arbeitgeber, ihren Mitarbeiterinnen Anerkennung zu zeigen, ist ein QZ ein hervorragendes Mittel zur Anerkennung von Leistung. Insofern ist jeder QZ Teil eines langfristig orientierten Personalentwicklungskonzeptes, das die Mitarbeiterinnen nicht nur als Empfänger von Anweisungen betrachtet, sondern als Träger von Ideen und Fähigkeiten (Zink, Schick 1984, 36).

6.5 Die ersten Schritte zur Sicherung der organisatorischen Rahmenbedingungen

Die ersten Schritte zur organisatorischen Weiterentwicklung beginnen, wie Erath und Amberger (2000, 84) zu Recht schreiben, bei der inneren Einstellung: Die Mitarbeiterinnen und ihre Träger müssen die Dringlichkeit verstehen, sich mit ihrer Organisation, mit ihrem Kundenverhalten und den Arbeitsbedingungen zu befassen. Um das zu erreichen, ist der Anfang eines jeden Veränderungsprozesses die Bewusstseinsbildung. In vielen Fortbildungen hat sich ein Workshop (Lipp, Will 1999) als erster Schritt mit folgendem Ablauf bewährt:

„Ist der Träger an allem Schuld?"
Was Leiterinnen über ihre Organisation wissen müssen
1. Referat
   Grundlagen der Organisation (siehe 1.3. in diesem Buch)
2. Einzelarbeit
   Organisationscheck: Strukturbedingungen
   Aufgabe: Machen Sie eine Bestandsaufnahme Ihrer Einrichtungen!
   (zum Vorgehen siehe Checkliste 4)
3. Gruppenarbeit
   Organisationsstrukturen: Erfahrungsaustausch über organisatorische Stärken, Schwächen (exemplarisch) zu ausgewählten Schlüsseldeterminanten (z. B. Personal, Budget-, Organisationskompetenz)
   Aufgaben: Was sind Stärken, was sind Schwächen in Bezug auf die Strukturen? Was müsste sinnvollerweise geregelt werden?
4. Plenumgespräch
   Wo liegen unsere Schwächen, wie können wir Schwächen verbessern?

Checkliste 4

Gehen Sie bitte Punkt für Punkt beiliegende Liste durch und kreuzen Sie an, was an Ihrer Stelle schriftlich geregelt ist: (S). Wenn eine Fragestellung mündlich geregelt ist: (M). Wenn sie nicht geregelt ist: (–).

Unternehmensleitbild

Gibt es Aussagen zu:
- Zweck der Organisation
- Zielen der Organisation
- Qualitätsaussagen der Organisation zu Kunden, Mitarbeitern, Umfeld?

Dienstordnung

Gibt es Regelungen zu
- Grundlagenentscheidungen (Arbeitszeiten, Dienstpflichten, Urlaubsansprüche)
- Verhaltensanforderungen
- organisatorischen Fragestellungen (z. B. Fahrtkostenregelung, Anspruch und Beantragung von Fortbildung, etc.)
- Zeichnungsvollmachten?

Stellenbeschreibungen

Liegt eine Stellenbeschreibung vor? Macht sie Aussagen zu:
- Aufgaben
- Kompetenzen und Befugnissen
- Unter- und Überstellungen
- Vertretungsregelungen?

Regelung über Verfahren

Gibt es ein
- Aufnahmeverfahren bei Neuanmeldungen
- Planungsverfahren: Welches Gremium entscheidet über was?

Dokumentationssystem

Sind Dokumentationssysteme vorhanden über
- Kinder (Entwicklungsberichte)
- Personal
- Organisation (z. B. Marketingplanung)?

Bestands-, Bedarfsanalyse

Gibt es
- ein System regelmäßiger Bedarfsanalysen (z. B. Entwicklung der Kinderzahlen, Elternwünsche)
- regelmäßige Überlegungen zur Angebotsveränderung
- eine Regelung der Entscheidungskompetenzen zur Umsetzung?

Checkliste 4: Arbeitsblatt Organisationsstruktur

Personalkompetenz	▪ Ist die Einstellung von Personal geregelt?
	▪ Ist die Befugnis zur Abmahnung /Entlassung geregelt?
	▪ Ist das Recht, Anweisungen geben zu können, geregelt? (z. B. im Rahmen der Dienst- und Fachaufsicht)?
	▪ Ist das Schreiben von Zeugnissen geregelt?
	▪ Gibt es Regelungen über Personal- und Zeit-einsatz?
Personalentwicklung	▪ Ist die Verantwortlichkeit für Personal-entwicklung geregelt?
	▪ Sind Verfahren zur Qualifizierung des Personals vorgesehen?
	▪ Wird der berufliche Nachwuchs gefördert?
Budgetkompetenz	▪ Gibt es Regelungen zu Budgetplanung / Verwendung / Verantwortung von Geldmitteln / Sachmitteln?
	▪ Gibt es eine Regelung zum Controlling: Wie wird die Geldvergabe kontrolliert?
Außenkontakte	▪ Gibt es eine Regelung über die Befugnis zur Außenvertretung und Öffentlichkeitsarbeit?
Organisationskompetenz	▪ Wie ist die Verantwortung für organisatorische Entscheidungen (Büroorganisation) geregelt?
	▪ Gibt es geregelte Verantwortlichkeiten für bestimmte Verfahren (z. B. Aufnahme, Eltern-kontakte, Raumgestaltung)?
	▪ Informationsverpflichtungen: Wer muss wem was berichten?
	▪ Wer ist für Teamführung verantwortlich?

Checkliste 4: Fortsetzung

5. Brainstorming oder Brainwriting
   Unsere zentralen Werte / Ziele (zur Durchführung siehe Kapitel 6.6.)
6. Gruppengespräch
   Was wird von den Werten / Zielen gelebt, wie geht es uns damit?
7. Abschlussrunde
   Was haben wir über Struktur und Organisationskultur gelernt? (siehe
   dazu Checkliste 5, wird als „Hausaufgabe" mit in die nächste Team-
   sitzung gegeben)

Checkliste 5

Wie vereinbart, legen Sie diese Liste jedem Teammitglied vor und sprechen Sie anschließend im Team darüber.

Teamgeist	Herrscht in meiner Organisation Teamgeist vor? Ist mein „Team" eine Ansammlung von Einzelkämpfern oder können wir zusammenarbeiten? Sind die Teamsitzungen ergebnisorientiert?
Betriebsklima	Herrscht ein positives Betriebsklima vor? Sind die Mitarbeiterinnen motiviert? Tue ich etwas für die Verbesserung des Betriebsklimas (Feste, Feiern, Anerkennung)?
Führungsstil	Welchen Führungsstil benutze ich? Will ich alles beherrschen oder unterstütze ich Kooperationen mit anderen? Sind meine Anforderungen allen klar? Sehe ich gute Arbeit und unterstütze ich sie, oder registriere ich nur Fehler?
Kommunikation	Herrscht ein konstruktives Kommunikationsklima vor? Unterstütze ich Klatsch, indem ich mich daran beteilige? Unterdrücke ich Unzufriedenheit, oder versuche ich sie zu verändern? Bemühe ich mich um eine konstruktive Kommunikationskultur (Mitbestimmung, gemeinsame Absprachen)?
Beziehungen	Was tue ich für die Beziehungspflege in meiner Organisation? Bemühe ich mich um sachliche, aber freundliche Beziehungen zu allen Mitarbeiterinnen? Bevorzuge ich Mitarbeiterinnen, weil sie „einfach zu handhaben" sind?

Checkliste 5: Arbeitsblatt Organisationskultur

6.6   Schritt für Schritt mit Qualitätszirkel

Qualitätszirkel sind ein erfolgversprechender Weg der Organisationsentwicklung. Sie müssen in die Organisation eingebunden werden, indem ihnen Auftrag, Ziel, Zeitbudget und Präsentationspflicht vorgegeben werden. Im Folgenden werden die wichtigsten Informationen über einen Qualitätszirkel und dessen Organisation zusammengestellt.

Was ist ein Qualitätszirkel (QZ)?   Unter Qualitätszirkeln versteht man Arbeitsgruppen, in denen sich Mitarbeiter unabhängig von der Hierarchie zeitlich begrenzt mit Fragen, Problemen oder Aspekten von wichtigen Arbeitsprozessen auseinandersetzen, mit dem Ziel, Verbesserungen zu erreichen. QZ erarbeiten dafür einen konkreten Lösungsvorschlag.

Welche Ziele haben Qualitätszirkel?   Ziel von Qualitätszirkeln ist es, eine realistische, effektive und optimale Weiterentwicklung von Arbeitsprozessen zu erreichen.

Welche Themen werden in einem QZ bearbeitet?   Es werden Fragen und Probleme aus wichtigen Arbeitsprozessen aufgegriffen. Im Kindergarten sind dies z. B.: organisatorische Fragestellungen, Qualitätsstandards, strukturelle Weiterentwicklung

Wer kann in einem QZ mitarbeiten?   Grundsätzlich alle Mitarbeiterinnen, die mit der jeweiligen Fragestellung vertraut, vom Arbeitsprozess betroffen und an der Mitarbeit interessiert sind.

Wie sind die Aufgaben in einem QZ verteilt?   Es gibt folgende Aufgaben oder Rollen:

Die Moderatorin organisiert die Projektgruppe (Tagesordnung, Kommunikation, Einladung) und übernimmt während der Sitzungen die Gesprächsführung.

Die Gruppenmitglieder arbeiten an den Fragestellungen, geben anderen Betroffenen Feedback und dokumentieren die Arbeitsergebnisse.

Wie wird in einem QZ gearbeitet?   Die Mitarbeit ist freiwillig, die Gruppengröße begrenzt (4 bis max. 10 Mitglieder). Der QZ ist selbstständig für die gesamte Problembearbeitung verantwortlich. Die Gruppe arbeitet regelmäßig.

Wie wird ein Qualitätszirkel (QZ) organisiert?

1. Einsetzung des QZ
Der QZ wird im Idealfall von der Leiterinnenkonferenz oder vom Träger eingesetzt. Die Teilnahme ist freiwillig.

2. QZ-Bildung
Wenn sich der QZ konstituiert hat, müssen erste Entscheidungen zur Organisation der Zusammenarbeit getroffen werden:

- Wahl einer Moderatorin
- Einigung zu Kommunikationsregeln (Regelmäßigkeit, Pünktlichkeit, Protokollführung etc.)
- Festlegung von Entscheidungsverfahren (Mehrheit- oder Konsensentscheidungen)

3. Problemdefinition
Es gilt abzuklären: Was ist das Thema des Qualitätszirkels? Was ist der Zeitrahmen? Müssen noch Informationen beschafft werden? Ziel ist, eine gemeinsame Problemdefinition zu formulieren.

4. Problemanalyse
Eine Analyse umfaßt mehrere aufeinander aufbauende Schritte:

- Informationen werden gesammelt (Kenntnisstand der Mitglieder, Wissen und Erfahrung; Sichtung von Fachwissen; eventuell Beratung durch externen Experten)
- Diskussion der Alternativen
- Entscheidungen

5. Erarbeitung eines Lösungsvorschlags (Zwischenergebnis)
Der QZ erarbeitet einen Lösungsvorschlag und fasst diesen schriftlich zusammen. Folgende Gliederungspunkte werden dabei berücksichtigt:

- Definition (Was ist das Problem?)
- Theoretischer Hintergrund (Warum entsteht das Problem? Was sind die Gründe?)
- Ziele (Was soll erreicht werden?)
- Durchführung (Welche Maßnahmen sollen angewandt werden?)
- Evaluation (Wie sollen die Ergebnisse überprüft werden?
- Dokumentation (Sicherstellung der Dokumentation)

6. Rückkoppelung des Zwischenergebnisses
Das Ergebnis wird in der Leiterinnenkonferenz, an Träger und Einrich-

tungen weitergegeben. Dabei wird eine Zeitspanne bis zur Rückmeldung festgelegt, und die Art der Rückmeldung wird organisiert (schriftlich? Workshop?).

7. Abschluß
Die Rückmeldungen werden diskutiert und eingearbeitet. Das Endergebnis wird formuliert und dem Träger zur Ratifikation zugeleitet. Nach Verabschiedung durch den Träger wird das Ergebnis der Leiterinnenkonferenz präsentiert. In einer Abschlusssitzung wird die Arbeit des QZ reflektiert.

Welche „Spielregeln" sollten im Qualitätszirkel beachtet werden?
- Entpersonalisierung der Entscheidungsfindung: Nicht die Position des Mitglieds entscheidet über Annahme des Vorschlages, vielmehr wird nach dem anfangs festgelegten Entscheidungsmodus verfahren (Mehrheit oder Konsensverfahren)
- Systematischer Aufbau zurückhaltender und Bremsen profilierungssüchtiger Gruppenmitglieder durch Gesprächsstrategie (Kurzreferate und Arbeitsaufträge gezielt vergeben)
- Volle Informationsweitergabe durch die Vorgesetzten
- Keine „Schere im Kopf": Zunächst sollen bei jedem Beitrag positive Aspekte gesucht werden
- Die Ergebnisse hat die Gruppe zu verantworten, nicht deren Leiterin oder der in der Gruppe mitarbeitende Vorgesetzte (Zink, Schick 1984, 66)

6.7   Kreativ Probleme lösen

Das letzte Kapitel gilt dem „Mut-machen". Denn wer bis hierher vorgedrungen ist, wird sich fragen, wie sich die gegenwärtigen Probleme angesichts häufig unzureichender Ressourcenausstattung lösen lassen. Die Antwort liegt, wie oft betont, in den Potenzialen des lernenden Kita-Unternehmens selbst. In einer Unternehmenskultur, die Mitarbeiterinnen einbezieht, können Problemlösungen entstehen, welche von den vorgeschlagenen abweichen oder diese kreativ weiterentwickeln. Der Weg zu kreativer Organisationsarbeit soll hier kurz dargestellt werden. Er kann sowohl von Qualitätszirkeln als auch von der Leiterinnenkonferenz oder sonstigen Arbeitsgruppen angewendet werden. Im mitarbeiterorientierten Kita-Unternehmen sind solche Arbeitstechniken immer dann angebracht, wenn Mitarbeiterinnen organisatorische Probleme identifizieren (Zink, Schick 1984, 95).

Phase 1: Problemidentifikation.   Arbeitsgruppen sollten nur zur Lösung solcher Probleme eingesetzt werden, die tatsächlich die gesamte Gruppe/Organisation betreffen. Wenn Probleme von einzelnen erkannt werden, stellt sich die Frage, ob ein allgemeines Interesse vorliegt. Dann kann auf der Ebene des Teams oder der Leiterinnenkonferenz oder des Trägers eine Arbeitsgruppe eingesetzt werden.

Wenn ein Problem die gesamte Kita oder Organisation betrifft, muss das zuständige Gremium (LKR, Team, Träger) die Entscheidung über die Problemlösung treffen. Folgende Varianten sind denkbar:

- Einsetzung eines QZ: Diese Variante ist sinnvoll bei schwerwiegenden und grundsätzlichen Problemen.
- Delegation an Einzelne: Wenn leichtere Probleme auftreten, hilft es oft schon, wenn sich ein Einzelner darum kümmert.
- Ad-hoc-Arbeitsgruppe, die sich kurzfristig trifft und ohne Formalien arbeitet.

Egal ob Einzelne oder Gruppen – die Spielregeln werden sofort mit verabschiedet:

- Wiedervorlage bis wann?
- Ressourcen für Problembearbeitung (Zeit, Geld, Personal)
- Priorität des Anliegens (wichtig für Tagesordnung)

Phase 2: Problembewertung.   Ziel dieser Phase ist, die Probleme möglichst gut kennen zu lernen. Deshalb werden alle relevanten Informationen zu den herausgearbeiteten Problemen beschafft. Dies kann durch Befragung wichtiger Interessenspartner, durch Heranziehen von Statistiken oder Literatur geschehen. Dazu kann die Gruppe arbeitsteilig vorgehen.

Die Ergebnisse werden der Arbeitsgruppe vorgelegt. Die Ergebnisse zu verschriften ist vorteilhaft, damit später darauf zurückgegriffen werden kann. Die Gruppe entscheidet, welche Priorität welcher Fragestellung zukommt.

Phase 3: Problembearbeitung.   Es bieten sich eine Reihe von Techniken an, um erkannte und nun besser verstandene Probleme zu lösen (Lipp, Will 1999, 35).

Regeln des Brainstorming:

1. Erklären der Spielregeln (z. B. die hier zitierten)!
2. Protokollschreiber bestimmen!
3. Exakte Fragestellung und Zeitvorgaben!
4. Während der kreativen Phase herrscht Kritikverbot (die Leiterin achtet auf Regeleinhaltung!).
5. Vorschläge als Anregung verstehen und weiterentwickeln!
6. Geäußerte Ideen sind stichwortartig schriftlich festzuhalten (Flip-Charts).
7. Beim Abflauen des Ideenflusses kann die Moderatorin den Prozess stimulieren, durch provokative Äußerungen oder neue Vorschläge.
8. Quantität geht vor Qualität: Je größer die Zahl der Vorschläge, desto wahrscheinlicher, dass unter ihnen ein „Gewinner" ist.

Abb. 34: Regeln des Brainstorming

- Zielarbeit: Was soll sich ändern? Wie soll der gewünschte Zielzustand sein?
- Ideen zu Problemlösung sammeln: Zur Ideenfindungsphase kann das Brainstorming helfen (Brühwiler 1994, 100ff). Spontan und unzensiert werden Einfälle und Ideen geäußert (siehe Abb. 34).
- Phantasiephase: Einzelne Ideen werden in einer Art „Phantasiereise" weitererzählt. Auch dies kann in Kleingruppen erarbeitet und dann vor dem Plenum präsentiert werden. Wichtig dabei ist, die „Schere im Kopf" („zu teuer, zu kompliziert …") einmal beiseite zu legen. Jungk und Müller (1989) beschreiben, welche Kraft in der Phantasie steckt. Manche Gruppen geraten in einen Phantasierausch, in dem ganz neue Lösungen entstehen.
- Realisierungsphase: Nach der Präsentation gehen die Gruppen unter einer anderen Prämisse an die Ideen. Wie könnte die Idee Realität werden? Wer müsste was tun? Welche Abstriche müssen gemacht werden?

Phase 4: Entscheidung über den weiteren Weg. Die nächste Phase besteht darin, aus den vielen Vorschlägen diejenigen auszusuchen, die weiter verfolgt werden sollen. Die Gruppe entscheidet nach einem vorher festgelegten Verfahren. Es gibt mehrere Möglichkeiten:

- Diskussion in der Gruppe mit anschließender Abstimmung: Das Mehrheitsverfahren ist das in der Demokratie gängigste. Es funktioniert wie im Parlament nach dem Prinzip „one man, one vote", d.h., jeder hat eine Stimme, per Handheben wird das Votum abgegeben, die Stimmen werden gezählt, die einfache Mehrheit entscheidet. Der Vorteil: Das Entscheidungsverfahren ist rasch und eindeutig beendet.
- Punktebewertungsverfahren nach gemeinsamem Beurteilungskriterium: Mit diesem Verfahren können Differenzierungen zwischen verschiedenen Wegen vorgenommen werden. Jede Teilnehmerin erhält 6 Klebepunkte, die sie wie folgt verteilen kann: für den wichtigsten Lösungsweg vergibt sie 3 Punkte, für den zweitwichtigsten 2 Punkte, den drittwichtigsten 1 Punkt. Der Lösungsweg mit den meisten Punkten ist der, der weiter verfolgt wird, alternativ gibt das Verfahren aber auch Hinweise darauf, welche weiteren Wege für die Teilnehmerinnen akzeptabel sein könnten.
- Auswahl nach Konsensmethode: Alle müssen einverstanden sein mit der Auswahl. Wenn nur noch einzelne Mitglieder nicht einverstanden sind, stellt sich die Frage nach dem „Veto": Jedes Gruppenmitglied hat ein „Veto-Recht", d.h. es kann aus gravierenden Gründen die Entscheidung verhindern. Von diesem Recht sollte nur in Ausnahmefällen Gebrauch gemacht werden. Wenn kein Veto eingelegt wird, gilt der Vorschlag als angenommen. Der Vorteil dieses Verfahrens liegt darin, dass auch Minderheiten geschützt sind, dass keiner überstimmt werden kann und damit „außen vor" steht. Das stärkt die Motivation, sich bei der gefundenen Lösung zu beteiligen. Der Nachteil liegt ebenfalls auf der Hand: Es ist sehr aufwändig, einen Konsens zu finden.

Phase 5: Lösungsfindung. Nur die aussichtsreichen Ideen zur Problemlösung werden jetzt noch weiterverfolgt. Um eine Vorlage für ein Entscheidungsgremium machen zu können, sind folgende Informationen aufzunehmen:

- Problemnennung
- Problemanalyse: Haupt- und Nebenursachen werden mit Hilfe von Diagrammen oder Wirkungsketten analysiert (Probst, Gomez 1989, 13). Einzelne Kreisläufe sind heraus zu arbeiten und durch zu spielen (z.B.: mehr Qualität führt zu höherer Attraktivität, dies wiederum zu höherem Absatz und gleichzeitig zu einer höheren Beanspruchung der Verwaltung). Leitfragen dabei sind: Welche zukünftigen

Veränderungen in den Bedingungen sind zu erwarten, wenn wir diese Maßnahme ergreifen? Welche Veränderungen der Problemsituationen können sich daraus ergeben?

- Ziele und Teilziele und Wirkungsverläufe: Zukunftsszenarien über mögliche Veränderungen der Rahmenbedingungen, zukünftige Veränderungsmöglichkeiten der Situation bei unterschiedlichen Rahmenbedingungen
- Aktionsplan mit Verantwortungsbereichen für jedes Gruppenmitglied

Phase 6: Lösungspräsentation und Rückmeldung. Nach Genehmigung durch das entsprechende Management werden die Gruppenergebnisse von der ganzen Gruppe den Mitarbeiterinnen und der Leitung präsentiert. Wichtig ist dabei, Rückmeldungen unmittelbar bei der Präsentation zu registrieren und Sitzungsprotokolle über Ablauf, Ergebnis und Vereinbarungen zu erstellen. Eine Präsentation kann unterschiedlich aufgebaut werden, hier einige Möglichkeiten:

- Vorträge der Gruppenmitglieder mit anschließender Diskussion
- Wandzeitung mit „Briefkasten" in der Einrichtung
- Mitteilungsblatt mit Rückmeldeadresse
- Infomärkte: Teilgruppen präsentieren ihre Lösungen
- Projektberichte, -beschreibungen, Ergebnisse

Abschließend arbeitet die Gruppe die Vorschläge ein oder verwirft sie. Sie erstellt eine entscheidungsreife Vorlage für die Leitung. Damit ist ihre Arbeit abgeschlossen.

7 Zu guter Letzt

Sowohl die theoretisch formulierten Anforderungen als auch die praktischen Erfahrungen lassen einen Schluss zu: Eine Kita, die sich zukünftig zu einem lernenden Kita-Unternehmen entwickelt, hat gute Chancen, ihre Leistungen auch weiterhin anbieten zu können, auch dann, wenn die hervorragende Erzieherin X oder der verständige Trägervertreter Y die Stelle wechseln. Wenn der Weg zum Kita-Unternehmen gegangen wird, bleibt die pädagogische Leistung nicht allein Produkt des guten Willens, der Einsatzbereitschaft des jeweiligen Personals, des Vertrauens zu dieser oder jener Leiterin. Vielmehr lässt sich so auf Dauer gute Leistung absichern. Dies werden die Kinder wie Eltern honorieren und ebenso die Kostenträger.

Der Weg der Integration sinnvollen unternehmerischen Wissens in die Kita erscheint mir darüber hinaus der beste Weg, auch die pädagogische Professionalität zu garantieren und etwas beizutragen zur Emanzipation von Erzieherinnen, Leiterinnen, ja aller sozialer Berufe. Sie erweitern ihre Kompetenzen, um bisherige Schwachstellen zu beseitigen. Dies ist für die pädagogische Arbeit von zentraler Bedeutung.

Eines der wichtigsten Themen wird die Überwindung der „Wagenburgmentalität" sein, denn der hier vorgeschlagene Lösungspfad macht vielen Angst, sie könnten etwas von ihrer „Qualität" verlieren. Wenn es aber gelingt, mit schrittweisen Veränderungsprozessen die eigenen Blockaden behutsam aufzulösen, können am Ende auch die pädagogischen Dimensionen der Kita garantiert werden. Dass dieses gelingt, ist allen zu wünschen.

Literatur

Backhaus-Maul, H. (2000): Wohlfahrtsverbände als korporative Akteure. In: Aus Politik und Zeitgeschichte, 26–27, 22–30

Badelt, C. (1993): Soziale Dienste und Wirtschaftlichkeit: Ansprüche und Widersprüche. In: Effinger, H., Luthe, D. (Hrsg.): Sozialmärkte und Management. Herausforderungen bei der Produktion Sozialer Dienstleistungen im Intermediären Bereich, Universität Bremen, 139–154

Bank für Sozialwirtschaft (1993): Gemeinnützige Einrichtungen und ihre Struktur. In: Bayerischer Wohlfahrtsdienst 6, 56–62

Baur, U., Hartmann-Templer, G. (1999): Erfahrungen bei der Umsetzung von Qualitätsmanagement. In: Peterander, F., Speck, O. (Hrsg.), 258–266

Becker, M. (1999): Personalentwicklung. Bildung, Förderung und Organisationsentwicklung in Theorie und Praxis. 2. Aufl. Stuttgart

Berens, W., Karlowitsch, M., Mertes, M. (2000): Die Balanced Scorecard als Controllinginstrument in Non-Profit-Organisationen. In: Controlling. Zeitschrift für erfolgsorientierte Unternehmensführung 1, 23–28

Bisani, F. (1981): Personalführung, Wiesbaden

Bleicher, K. (1991): Organisation: Strategien – Strukturen – Kulturen. 2. Aufl. Wiesbaden

– (1992a): Das Konzept Integriertes Management. 2. Aufl. Frankfurt/New York

– (1992b): Haben heutige Organisationen noch Zukunft? In: Fuchs, J. (Hrsg.): Das biokynetische Modell. Unternehmen als Organisationen, Wiesbaden, 161–179

Bostelmann, A., Metze, T. (Hrsg.) (2000): Der sichere Weg zur Qualität. Kindertagesstätten als lernende Unternehmen, Neuwied/Kriftel/Berlin

Breisig, T. (1990): It's Team Time, Köln

Brödel, R. (1998): Lebenslanges Lernen – lebensbegleitende Bildung, Neuwied

Bruhn, M., Tilmes, J. (1989): Social Marketing, Stuttgart/Berlin/Köln

Brühwiler, H. (1994): Methoden der ganzheitlichen Jugend- und Erwachsenenbildung. 2. Aufl. Opladen

Brülle, H., Reis, C., Reiss, H.-C. (1998): Neue Steuerungsmodelle in der Sozialen Arbeit. In: Reis, C., Schulze-Böing, M. (Hrsg.): Planung und Produktion sozialer Dienstleistungen. Die Herausforderung „neuer Steuerungsmodelle", Berlin, 55–79

Bühner, R. (1995): Führungsaspekte im Total Quality Management. In: Preß-mar, D. (Hrsg.): Total Quality Management I, 37–60

Bullinger, H.-J. (Hrsg.) (1996): Lernende Organisationen. Konzepte, Methoden und Erfahrungsberichte, Stuttgart

– (1998): Dienstleistung – Veränderungen für die Arbeit der Zukunft. In: Bullinger, H.-J., Zahn, E. (Hrsg.): Dienstleistungsoffensive – Wachstumschancen intelligent nutzen, Stuttgart, 15–34

Cohen, A., Fink, S., Gadon, H., Willits, R. (1996): Wirkungsvolles Verhalten in Organisationen. 6. Aufl., Stuttgart

Cohn C. R. (1976): Von der Psychoanalyse zur themenzentrierten Interaktion, Stuttgart

Decker, F. (1992): Effizientes Management für soziale Organisationen, Landsberg/Lech

Diedering, W. (1994): Analytische Budgetierung in sozialen Organisationen. Ziele, Wege und Controlling, Freiburg

Diemer, V., Peters, O. (1998): Bildungsbereich Weiterbildung. Rechtliche und organisatorische Bedingungen, Inhalte, Teilnehmer, Weinheim/München

Donabedian, A. (1980/1982): Explorations in Quality – Assessment and Monitoring (Vol I/II) Ann Abor

Drabner C., Pawellek T. (1997): Qualitätsmanagement in Sozialen Einrichtungen am Beispiel der Jugendhilfe, Freiburg

Dybowsky, G., Schemme, D. (1999): Förderung individueller Entwicklungswege durch Zusatzqualifikationen. In: Bundesinstitut für Berufsbildung: Personalentwicklung durch Berufsbildung: Strategien, Instrumente, Zusatzqualifikationen, Bielefeld, 11–28

Eirich, H., Mayr, T., Oberhuemer, P. (1998): Diskussion in den Arbeitsgruppen. In: Fthenakis, W. (Hrsg.): Erziehungsqualität im Kindergarten. Forschungsergebnisse und Erfahrungen, Freiburg

Erath, P. (1991): Abschied von der Kinderkrippe, Freiburg

–, Amberger C. (2000): Das KitaManagementKonzept, Freiburg

Eschenbach, R., Haddad, T. (1999): Die Balanced Scorecard. Führungsinstrumente im Handel, Wien

Fischer, G. (1986): Optische Betriebswirtschaftslehre (Heft 5: 18 Schaubilder zum Marketing), Herne/Berlin

Frank, G., Reis, C., Wolf, M. (1994): Wenn man die Ideologie wegläßt, machen wir alle das gleiche", Frankfurt

Franken, B. (1999): Qualitätskontrolle im Kindergarten? Oldenburg

Frey K. (1997): Die Qualitätsnorm ISO 9000ff. In: Becker, A.: Qualität und Qualitätsstandards in der außerschulischen Jugend- und Erwachsenenbildung (Materialien zur Qualitätssicherung in der Kinder- und Jugendhilfe hrsg. vom Bundesministerium für Familie, Senioren, Frauen und Jugend QS 9) Bonn

Fthenakis, W. E. (1998): Erziehungsqualität: Ein Versuch der Konkretisierung durch das Kinderbetreuungsnetzwerk der EU. In: Sturzbecher, D. (Hrsg.): Kindertagesbetreuung in Deutschland, 45–70

–, Textor, M. R. (1998): Qualität von Kinderbetreuung. Konzepte, Forschungsergebnisse, internationaler Vergleich, Weinheim

Fuchs, S. (1984): The Stratified Order of Gossip: Informal Communication in Organizations und Science. In: Soziale Systeme 1, 47–72

Gabele, E., Kretschmer, H.(1985): Unternehmensgrundsätze: empirische Erhebungen und praktische Erfahrungsberichte zur Konzeption, Einrichtung und Wirkungsweise eines modernen Führungsinstrumentes, Frankfurt a. M.

Gebert, D., Rosenstiel L. v. (1996): Organisationspsychologie. 4. überarb. und erw. Aufl. Stuttgart/Berlin/Köln

Gehrmann, G., Müller K. W. (1999): Management in sozialen Einrichtungen. 3. Aufl. Regensburg

Geißler, H. (Hrsg.) (1995): Organisationslernen und Weiterbildung; Neuwied

– (1998): Betriebspädagogische (Semi-) Professionalität. In: Peters, S.: Professionalität und betriebliche Handlungslogik, Bielefeld, 83–103

Götz, K. (1997): Management und Weiterbildung, Hohengehren

Grabert, S., Kamiske, G. (1993): Qualitätsmanagementsysteme nach DIN ISO 9000: Wo liegen die Schwierigkeiten? In: QZ 5, 269–274

Grams, W. (2000): Sozialarbeit als Ware oder: Das Soziale zu Markte tragen. In: Wilken, U. (Hrsg.): Soziale Arbeit zwischen Ethik und Ökonomie, Freiburg, 77–98

Hammer, R. (1998): Unternehmensplanung. 7. Aufl., München

Haug, C. V. (1998): Erfolgreich im Team. Praxisnahe Anregungen und Hilfestellungen für effiziente Zusammenarbeit. 2. Aufl., München

Hentze, J., Brose, P. (1985): Unternehmensplanung. Eine Einführung, Bern und Stuttgart

Herder-Dorneich, P. (1992): Vernetzte Strukturen. Das Denken in Ordnungen, Baden-Baden

Hesseler, M. (1995): Zur Einführung von Lean Production als Prozeß des Organisationslernens unter Beteiligung. In: Geißler, H. (Hrsg.): Organisationslernen und Weiterbildung, Neuwied, 95–120

Horvath & Partner (Hrsg.) (2000): Balanced Scorecard umsetzen, Stuttgart

Hummel, T., Malorny, C. (1997): Total Quality Management. 2. Aufl., München/Wien

Hüttner M., Pingel A., Schwarting U. (1994): Marketing Management, München/Wien

Jakubeit, G. (2000): Kann denn Leiten Sünde sein …? Ein roter Faden durch eine Fortbildungsreihe für Führungskräfte in sozialen und pädagogischen Einrichtungen, Bremen

Jansen, F., Wenzel, P. (1999): Von der Elternarbeit zur Kundenpflege, München

Jungk, R., Müller, N. R. (1989): Zukunftswerkstätten, München

Käbin, W., Müri, P. (1989): Sich und andere führen, Thun

Kammerer, J. (1988): Beitrag der Produktionspolitik zur Corporate Identity, München

Karolus, G. (1994): Corporate Culture und Corporate Identity in Non-Profit-Organisationen, Frankfurt

Kerber, W. (1991): Zur Entstehung von Wissen: Grundsätzliche Bemerkungen zu Möglichkeiten und Grenzen staatlicher Förderung der Wissensproduktion aus der Sicht der Theorie evolutionärer Marktprozesse. In: Oberender, P., Streit M. (Hrsg.): Marktwirtschaft und Innovation, Baden-Baden, 9–45

Kieser, A., Kubicek, H. (1978): Organisation, Berlin u. a.

Kießling, B., Koch, H. (1999): Kundenforum. Wie Unternehmen herausfinden, was ihre Kunden wollen, Wiesbaden

Klug, W. (1995): Mehr Markt in die Freie Wohlfahrt? In: Aus Politik und Zeitgeschichte B 25–26/1995, 34–43

– (1997): Die Zukunft der Freien Wohlfahrt: Marktwirtschaft und Bewahrung der Identität. In: Theorie und Praxis der Sozialen Arbeit 10, 26–32

– (2000a): Ausverkauf oder Modernisierung? Was die Sozialarbeit morgen braucht, Wolnzach

– (2000b): Trägerqualität in Kindertagesstätten – eine vernachlässigte Dimension der Qualitätssicherung. In: Sozialmagazin 3, 34–45

– (2000c): Braucht die Soziale Arbeit eine Ethik? Ethische Fragestellungen als Beitrag zur Diskussion der Sozialarbeitswissenschaft im Kontext ökonomischer Herausforderungen. In: Wilken, U. (Hrsg.): Soziale Arbeit zwischen Ethik und Ökonomie, Freiburg, 175–206

– (2000d): Leistungskonzepte in der Sozialen Arbeit. In: Soziale Arbeit 3, 90–96

Knorr, F., Scheppach, M. (1999): Kontraktmanagement: Finanzierungsformen, Leistungsverträge für freie Wohlfahrtsverbände, soziale Dienstleister und Sozialverwaltungen, Regensburg

Kreuzer, R., Jugel, S., Wiedemann, K.-P. (1986): Unternehmensphilosophie und Corporate Identity. Empirische Bestandsaufnahme und Leitfaden zur Implementierung einer Corporate Identity-Strategie, Mannheim

Kronberger Kreis für Qualitätsentwicklung in Kindertageseinrichtungen (1998): Qualität im Dialog entwickeln. Wie Kindertageseinrichtungen besser werden, Seelze

Kuhnle, H. (1987): Wie arbeiten moderne Unternehmen? Wiesbaden

Künkel, A., Watermann, R. (1997): Management im Kindergarten. Grundlagen für Leitungsaufgaben. 4. Aufl. Freiburg

Künzel-Schön, M. (1996): Vom „Klienten" zum „Kunden"? In: Theorie und Praxis der Sozialen Arbeit 11, 6–14

Kurze, M. (1998): Berufliches Selbstverständnis in der Bewährungshilfe (Teil VI). In: Bewährungshilfe 3, 249 ff

Langnickel, H. (1999): Das Modell „Ehrenamtlicher Vorstand" ein Risikofaktor für die freie Wohlfahrtspflege? Wege aus dem Dilemma. In: Theorie und Praxis der Sozialen Arbeit 3, 83–88

–, Gabler, H. (1997): Qualität fängt beim Vorstand an. Qualitätsentwicklung in der ehrenamtlichen Vorstandsarbeit. (Materialien zur Qualitätssicherung in der Kinder- und Jugendhilfe. Hrsg. v. Bundesministerium für Familie, Senioren, Frauen und Jugend QS 14), Bonn

Lipp, U., Will, H. (1999): Das große Workshop-Buch. 3. Aufl. Weinheim/Basel

Lohmann, D. (1997): Das Bielefelder Diakonie Management Modell, Gütersloh

Lotmar, P., Tondeur, E. (1993): Führen in sozialen Organisationen. 2. Aufl. Bern/Stuttgart/Wien

Luhmann, N. (2000): Organisation und Entscheidung, Opladen

Malik, F. (1984): Strategie des Managements komplexer Systeme, Bern/Stuttgart

Manderscheid, H. (1998): Freie Wohlfahrtspflege im Aufbruch? In: Maelicke, B.: Freie Wohlfahrtspflege im Übergang zum 21. Jahrhundert, Baden-Baden, 25–41

Meier, R. (1998): Führen mit Zielen, Düsseldorf

Meinhold, M.(1997): Qualitätssicherung und Qualitätsmanagement in der Sozialen Arbeit, Freiburg

Merchel, J. (1995): Sozialverwaltung oder Wohlfahrtsverband als „kundenorientiertes Unternehmen": ein tragfähiges, zukunftsorientiertes Leitbild? In: Neue Praxis 24, 325–340

Merk, R. (1998): Profit- und Non-Profit-Center zwischen Zweckorientierung und Bildungsverpflichtung. In: Peters, S.: Professionalität und betriebliche Handlungslogik, Bielefeld, 199–223

Meyer, D. (1997): Steuerungsmängel im System der Freien Wohlfahrtspflege. In: Sozialer Fortschritt 6–7, 158–168

Möller, R., Abel, J., Neubauer, G., Treumann, K.-P (Hrsg.) (1996): Kindheit, Familie und Jugend. Ergebnisse empirischer pädagogischer Forschung, Münster/New York

Moos, G. (2000): Überlebt die Pflege ohne Strategie? Strategieorientierte Führung von Pflegeeinrichtungen mit Hilfe der Balanced Scorecard. In: Die BKK-Zeitschrift der betrieblichen Krankenversicherung, 1

Moxley, D. (1997): Case Management by Design, Chicago

Müller, R. F. (1989): Marketing. Analysen, Ziele, Konzepte, Kontrollen, Wiesbaden

Müller-Hagedorn, L. (1996): Einführung in das Marketing. 2. überarb. und erg. Aufl. Darmstadt

Münzenloher, I. (1997): Jede Reise beginnt mit dem ersten Schritt. Social Sponsoring: Kindergarten als Werbeträger. In: Welt des Kindes 2, 18–21

– (1998): Betriebswirtschaftliche Aspekte in der Kindertagesstätte. In: Institut für Bildung und Entwicklung: Die qualifizierte Leiterin: Erfolgreiches Sozialmanagement in Kindertagesstätten, München

Neuberger, O. (1994): Personalentwicklung, Stuttgart

–, Kompa, A. (1986): Macher, Gärtner, Krisenmanager (Serie „Firmenkultur" IV). In: Psychologie Heute 9, 64–71

Neumann, R. E. (1999): Die Veränderung der organisationalen Wissensordnung. In: Projektgruppe wissenschaftliche Beratung, Organisationslernen durch Wissensmanagement, Frankfurt, 123–151

Nübel, H. U. (1994): Die neue Diakonie: Teilhabe statt Preisgabe. Mitarbeiterinnen und Mitarbeiter kommen zu Wort, Freiburg

Oberhuemer, P. (1998): Qualifizierung des Fachpersonals: Schlüsselthema in der Qualitätsdiskussion. In: Fthenakis, W., Textor, M. E.: Qualität von Kinderbetreuung. Konzepte, Forschungsergebnisse, internationaler Vergleich, Weinheim, 127–136

Oess, A. (1989): Total Quality Management – Die Praxis des Qualitäts- Managements, Wiesbaden

Oland, H., Benkenstein, M. (1999): Modelle der Dienstleistungsqualität in Kliniken. In: Zeitschrift für Betriebswirtschaft, Ergänzungsheft 5, 112–123

Olfert, K., Steinbuch, P. (1987): Personalwirtschaft. 3. Aufl. Ludwigshafen (Rhein)

Oliva, H. (1997): Stellenwert von Kundenorientierung in Unternehmen der Sozialwirtschaft. In: Caritas '98, 10, 456–462

Oppl, H. (1991): Zur Finanzsituation der freien Wohlfahrtspflege. In: Theorie und Praxis der Sozialen Arbeit 4, 128–138

Parasuraman, A., Zeithaml, V., Berry, L. (1988): SERVQUAL: A Multiple Item Scale for Measuring Customer Perceptions of Service Quality. In: Journal of Retailing 1, 12–64

Peterander F., Speck O. (Hrsg.) (1999): Qualitätsmanagement in sozialen Einrichtungen. Ernst Reinhardt, München

Pieper, R. (1991): Lexikon Management, Wiesbaden

Pressmar D. B. (Hrsg.)(1995): Total Quality Management I (Schriften zur Unternehmensführung 54), Wiesbaden

Probst, G., Gomez, P. (1989): Die Methodik des vernetzten Denkens zur Lösung komplexer Probleme. In: Probst, G., Gomez, P. (Hrsg.): Vernetztes Denken. Unternehmen ganzheitlich führen, Wiesbaden, 1–18

Prognos AG (1991): Freie Wohlfahrtspflege im zukünftigen Europa. Hrsg. v. Bank f. Sozialwirtschaft, Basel/Köln

Puschmann, H. (1996): Zum Leitbild-Prozess des Deutschen Caritasverbandes. In: Caritas '97. Jahrbuch des Deutschen Caritasverbandes, Freiburg, 105–111

Rautenberg, W., Rogoll, R. (1982): Werde, der du werden kannst, Freiburg

Rebstock, W. (1988): Unternehmensethik. Werte und Normen für die Unternehmung, Spardorf

Refa-Verband für Arbeitsstudien und Betriebsorganisation (1995): Den Erfolg vereinbaren. Führen mit Zielvereinbarungen, München

Reichard, C. (1973): Managementkonzeption des Öffentlichen Verwaltungsbetriebes, Berlin

Reichardt, I. (1999): Geht nicht, gibt's nicht. Kundenorientierte Kommunikation und Benchmarking – ein Lesebuch für Veränderer, Berlin/Offenbach

Reinhardt, R. (1998): Wissensmanagement „konkret": Eine Fallstudie. In: Geißler H., Behrmann, D., Krahmann-Baumann, B. (Hrsg.): Organisationslernen konkret, Frankfurt, 233–274

Risse, W. (1991): Unternehmensführung in der Marktwirtschaft, Bamberg

Ritschel, A. (1998): Vernetzung der Kindertagesstätte. In: Institut für Bildung und Entwicklung: Die qualifizierte Leiterin: Erfolgreiches Sozialmanagement in Kindertagesstätten, München

Rosenstiel, L. v., Einsiedler, H. E., Streich R. K. (1987): Wertewandel als Herausforderung für die Unternehmenspolitik, Stuttgart

Roßbach, H.-G. (1999): Qualitätssicherung im Kindergarten, in: Peterander F., Speck O. (Hrsg.): Qualitätsmanagement in sozialen Einrichtungen, München, 214–226

Rumpf, J. (2000): Regionaler Fachdienst – eine Hilfe für Kindertagsstätten. In: Unsere Jugend 3, 291–295

Sattelberger, T. (1998): Thesen zu Human Ressourcen in virtueller werdenden Organisationen. In: Geißler, H., Behrmann, D., Krahmann-Baumann, B. (Hrsg.): Organisationslernen konkret, Frankfurt/Berlin/New York/Paris/Wien, 15–34

Scherpner, M., Richter-Markert, W., Sitzenstuhl, I. (1992): Anleiten, Beraten und Lehren: Prinzipien sozialarbeiterischen Handelns, Frankfurt

Schmid, E., Schwarzkopf, F. (1999): Wie gut ist unser Kindergarten. In: Welt des Kindes 2, 37–39

Schmidt-Grunert, M. (1996): Die „BWL-isierung" als Hoffnungsträger der Sozialen Arbeit: Eine unangemessene und unrealistische Einschätzung des ‚gesellschaftlichen Ansehens' der Sozialen Arbeit. In: Sozialmagazin 4, 30–44

Schulz von Thun, F. (1981/1989): Miteinander Reden 1/2, Reinbeck

Schwarz, P. (1992): Management in Nonprofit Organisationen. eine Führungs-, Organisations- und Planungslehre für Verbände, Sozialwerke, Vereine, Kirchen, Parteien usw., Bern/Stuttgart/Wien

Senge, P. (1990): The Fith Discipline: The Art and Practice of the Learning Organization, New York

Spautz, M. (2000): Deutsches Insitut für Wirtschaftsordnung spricht sich für Kinderbetreuungs-Gutscheine aus. In: Christ und Bildung 8–9, 11–12

Speck, O. (1999): Marktgesteuerte Qualität – eine neue Sozialphilosophie?. In: Peterander F., Speck O. (Hrsg.): Qualitätsmanagement in sozialen Einrichtungen, 15–30

Sprenger; R. K. (2000): Mythos Motivation. Wege aus einer Sackgasse, Frankfurt/New York

Staehle, W. (1987): Management. Eine verhaltenswissenschaftliche Einführung. 6. Aufl. München

Steinbuch, P. A. (1985): Managementinstrumente. Ein Leitfaden für die Praxis, Düsseldorf

Stewart, I., Joines, V. (1990): Die Transaktionsanalyse, Freiburg

Stoll, S. (1997): Der Situationsansatz im Kindergarten. Möglichkeiten seiner Verwirklichung, Neuwied

Strunk, A. (Hrsg.) (1996): Dienstleistungscontrolling. Strategien zur Innovationssteuerung im Sozial- und Gesundheitssystem, Baden-Baden

Sturzbecher, D. (1998): Kindertagesbetreuung in Deutschland. Bilanzen und Perspektiven, Freiburg

Thamm, D. (1996): Pleite machen, aber richtig – Kleiner Ratgeber „Wie ruiniert man einen Wohlfahrtsverband?" In: Theorie und Praxis der Sozialen Arbeit 11, 2–5

Thiele, G., Koch, V. (1998): Betriebswirtschaftslehre. Eine Einführung für Pflegeberufe, Freiburg

Thieme-Führer, R. (1998): Organisationales Lernen und innerbetrieblicher Kulturwandel. In: Geißler, H., Behrmann, D., Krahmann-Baumann, B. (Hrsg.): Organisationslernen konkret, Frankfurt u. a., 191–222

Tietze, W. (Hrsg.) (1998): Wie gut sind unsere Kindergärten? Eine Untersuchung zur pädagogischen Qualität in deutschen Kindergärten, Neuwied/Kriftel/Berlin

–, Roßbach, H.-G., Schuster, K.-M. (1997): Kindergarten-Einschätz-Skala, Neuwied/Kriftel/Berlin

Tippelt, H. (1998): Controlling als Steuerungsinstrument in der Sozialverwaltung. In: Reis,C., Schulze-Böing, M. (Hrsg.): Planung und Produktion sozialer Dienstleistungen. Die Herausforderung „neuer Steuerungsmodelle", Berlin, 105–130

Töpfer, A., Mehdorn, H. (1994): Total Quality Management. Anforderungen und Umsetzung im Unternehmen. 3. aktual. Aufl. Neuwied

Trojan, A. (Hrsg.) (1986): Wissen ist Macht. Eigenständig durch Selbsthilfe, Frankfurt

Ulrich P. (1986): Transformation der ökonomischen Vernunft. Fortschrittsperspektiven der modernen Industriegesellschaft, Bern/Stuttgart/Wien

–, Fluri, E. (1995): Management. Eine konzentrierte Einführung. 7. Aufl. Bern/Stuttgart/Wien

Walter, H. (1998): Handbuch Führung, Frankfurt a. M.

Weber, M. (1973): Gesammelte Aufsätze zur Wissenschaftslehre, Tübingen

Wehrmann, I., Abel, R. D. (2000): Von der Kindertagesstätten Verwaltung zum Kindertagesstätten Management, Bremen

Welge, M. K., Al-Laham, A. (1999): Strategisches Management. Grundlagen – Prozess – Implementierung. 2. Aufl. Wiesbaden

Wolter, O. (2000): TQM Scorecard. Die Balanced Scorecard in TQM-geführten Unternehmen umsetzen. München/Wien

Wonigeit, J. (1994): Total Quality Management. Grundzüge und Effizienzanalyse, Wiesbaden

Zimmer, A. (1996): New Public Management und Nonprofit-Sektor in der Bundesrepublik. In: Zeitschrift für Sozialreform 5, 285–305

Zink, K. J. (1995): Total Quality Management: Begriff und Aufgaben. In: Preßmar, D. (Hrsg.): Total Quality Management I, 3–18

Zink, K., Schick, G. (1984): Quality circles: Qualitätsförderung durch Mitarbeitermotivation, München/Wien

Sachregister

Armin Krenz
Qualitätssicherung in Kindertagesstätten

Kinder ab dem dritten Lebensjahr haben nicht nur ein Recht auf einen gesicherten Platz in einer Kindertagesstätte, sie haben auch ein Recht auf eine qualitativ gute Betreuung, Bildung und Förderung. Aber was genau ist qualitativ gut? Wie kann die Qualität dieser Leistung gemessen werden? Seit Jahren schon ist das Stichwort Qualität in sozialen Einrichtungen in aller Munde, und auch die Elementarpädagogik muss sich dieser Debatte stellen. Für Praktiker ist es daher wichtig, klare und fundierte Anhaltspunkte für ihre kitaeigene Qualitätsanalyse zu finden.

Das Kieler Instrumentarium führt ErzieherInnen und Leitung genau zu diesem Ziel: Mit Hilfe eines strukturierten Instrumentariums können sie die Qualität ihrer Einrichtung analysieren und langfristig steigern. In 15 Themenbereiche und 425 Qualitätskriterien gegliedert, bieten die Checklisten Praktikern darüber hinaus die Chance, Schwachstellen der Einrichtung zu orten und Strategien zur Verbesserung der Qualität festzuhalten. Die beständige Arbeit mit dem Instrument kann der Kita helfen, die Qualität der Einrichtung stetig zu verbessern. Bei einer vergleichsweise einfachen Handhabung entsteht so eine Dokumentation der Arbeit in der Kindertagesstätte – prüfbar auch für Außenstehende. Jedem Qualitätsbereich sind umfangreiche Literaturhinweise beigefügt. Armin Krenz hat damit ein lebendiges Instrument entwickelt, das auch Trägern, FachberaterInnen und Studierenden in der Diskussion über Qualitätskriterien und deren Konsequenzen dient.

Kieler Instrumentarium für Elementarpädagogik und Leistungsqualität – K.I.E.L.

DIN A4. 88 Seiten.
4 Checklisten
(3-497-01582-2) kt

Ernst Reinhardt Verlag • München Basel
E-Mail: info@reinhardt-verlag.de
http://www.reinhardt-verlag.de

Franz Peterander / Otto Speck (Hrsg.)
**Qualitätsmanagement in
sozialen Einrichtungen**

1999. 303 Seiten.
26 Abb. 5 Tab.
(3-497-01503-2) gb

Total Quality Management, Evaluation, Führung,
lernende Organisation – diese Schlagworte sind
aus Management und Betriebswirtschaft hinreichend bekannt. Auch soziale Einrichtungen werden zunehmend von betriebs- und marktwirtschaftlichen Konzepten bestimmt. Dabei sollen
aber ethische und praktische Normen und Standards sozialer Arbeit erhalten bleiben. In dieser
Situation suchen Einrichtungen und Trägerver-
bände nach Rat und Entscheidungshilfen.

- Was können Qualitätsmanagement-Systeme
  leisten?
- Wie kann man sie in sozialen Einrichtungen
  nutzen?

Die Beiträge auch internationaler Autoren stellen
in diesem Buch grundlegende theoretische und
praktische Konzepte des Qualitätsmanagements
vor. Die Umsetzung der Erfahrungen wird an Bei-
spielen in den Bereichen Tagesstätten, Kindergärten, Erziehungsberatung, Werkstätten der Behin-
dertenhilfe, Rehabilitation und Jugendhilfe erläutert.

Ernst Reinhardt Verlag • München Basel
E-Mail: info@reinhardt-verlag.de
http://www.reinhardt-verlag.de